JN200948

日本人は何を信じてきたのか

クリスチャンのための比較宗教講座

勝本正實
［著］

いのちのことば社

はじめに
――なぜ比較宗教を学ぶのか

執筆の動機

私たちが暮らすこの国は、宗教が満ちている国です。神道と仏教と新宗教だけでも一億八千万人以上の信者がいるとされています。これは、日本の人口をはるかに超えています。文化庁が公表している『宗教年鑑』（平成三十年版）の報告を見ると、約八万五千の神社と七万七千の寺院があります。新宗教の建物も、実数はわかりませんが数万単位に及ぶでしょう。キリスト教の宗教施設も九千に上ります。表面的には宗教花盛りですが、実際の信者の数は日本人の総人口と同様に減少しています。つまり宗教の影響力は衰退しているということです。これからさらに、私たちの周囲で宗教施設が閉鎖していくことになります。急速にではなく、徐々に、しかし確実にそうなるでしょう。

私が自覚的に出合った最初の宗教はキリスト教でした。普段の生活ではお寺や神社を身近に感じて暮らしていましたが、信仰するものとして宗教に目覚めたのはキリスト教がきっかけでした。その私は、やがて牧師になるために神学校で学ぶ中で「日本の宗教のことも知りたい」と願うようになり、仏教系や神道系の大学で仏教や神道を学ぶ機会を得ました。それ以来、「比較宗教」は人生の大切なテーマとなりました。比較宗教とは、その言葉の示すとおり、それぞれの宗教を比較することです。似ている点や異なる点を学ぶことです。比較の中で、日本という国の特性や日本人の内面が少しずつわかってきます。しかし、そこに難解さもあります。そこでまず初めに、比較宗教を学ぶときの着目点や心がけを述べましょう。

比較宗教を学ぶときの心がけ

第一に、「謙虚に学ぶ」姿勢が大切です。私たちは宗教に対して、部分的知識や先入観をすでに持っています。このため、思いこみや偏見が入り込みやすいことが真の理解を妨げます。すでに一つの信仰を持っていると、そのリスクはさらに高まります。よって、まず謙虚さと、自分はこの宗教のことをよく知りたいという気持ちで学ぶことが大切なのです。間違ってもあら探しをしないように気をつけましょう。謙遜な心や探究心があると、学んでいる宗教が私たちに教えてくれます。すぐに理解できないことは保留にして学び続けると、後でわかることは多くあります。

第二に、すでに本や人から学んだことを基本として、幾つかの宗教を比較してみましょう。それは優劣をつけるためではなく、あくまでも「共通点や相違点」に目を留めるためです。どんな宗教にも、必ず似ている教えや戒めとともに、異なる独自の部分があります。共通点は、異なる宗教同士が理解し合える面です。相違点は、その宗教を今日まで存在させている個性、特色です。その理解を間違うと特定の宗教を非難してしまうことにもなります。比較宗教では個々の宗教に優劣をつけないことや、どちらかが真似をしたなどと決めつけないことが必要です。

第三に、それぞれの宗教（特に日本では仏教や神道）が、今の私たちの生活や価値観にどのように影響しているかを探ることが大切です。私たちの生活習慣や善悪の判断、価値観の背後に、以前から存在する宗教の影響があるのは自然なことです。「なぜそうなのか」という原因や影響を探るのは大切なことです。日本の宗教を学ぶことは、日本人の「心（精神）のルーツ」を学ぶことにつながります。

第四に、キリスト教の立場でいえば、日本の宗教を学ぶことで日本人がどのようなことを大切にしているかを探り、キリスト教との違いを知って、どのように宣教のアプローチをすればよいのか、日本人がキリスト教のどのような面を嫌ったり避けたりしているのかを学ぶ機会となります。それは、キリシタンの時代と明治以降のキリスト教の宣教の再評価をしていく機会ともなります。他宗教そのものへの理解を深め、欧米的なキリスト教の紹介のしかたを反省しながら、今の時代において「キリスト教」を、心理的にも生活の日常でも身近なものへと近づけるヒントを得たいと思います。

比較宗教の学びがもたらす祝福

私たちはこの国で暮らしていても、日本の精神性や心情を学ぶ機会がほとんどありません。学校の社会科では歴史や地理を中心に学びます。しかし、日本人の内面を探る授業は設けられていません。比較宗教によって民俗宗教や神道や仏教などを学ぶことで、日本人の内面的なことや価値観などを知り、「日本人とは?」を学ぶことになります。表面的にたどることのできる人種や民族のルーツとは違う、「内面性」のルーツです。日本人の持つ自然観、人生観、死生観、来世観などを知ることができます。それを知ったうえで、仏教徒、神道信者、またキリスト教徒の立場でどう生きればよいのかを考えていくことができます。

特に日本ではまだまだ少数であるキリスト教徒にとっては、この国で暮らしているから日本人、この国の国籍を持つから日本人というのではなく、この国が大切にしてきたものや心情を理解しながら、「この国で生きる」うえでどうあればよいのかを考える機会を得ることになります。これが本書の目的であり、比較宗教の学びが与えてくれる祝福といえるでしょう。

各章の最後の「問い」は、この目的から主にキリスト者に問いかけるものとなっていますが、そうでない方でも各宗教を比較するのに役立つでしょう。個人で、また教会内のグループなどで、取り組んでみてください。

目次

1　神道を生んだ民俗宗教（自然宗教）とは何か

日本民俗学の始まり

日本人がどのようにして形成されたかは、定かではありません。中国東部や朝鮮半島から、北のカムチャッカ半島から、さらには東南アジアから、そして琉球・奄美地方から、また蝦夷地の人たちが日本列島各地に移り住んで出会い、そして混じり合ったと推測されます。そしてヤマト（邪馬台、大和）の国が徐々に形成されていく中で、今の日本が形成されたと考えられています。

日本は南北に細長い国ですので、農産物も住まいも衣服も、そして日常生活も地域それぞれに違い、特色を持っています。一方で、共通する習俗があることもわかっています。一九〇〇年頃（明治中期）、「日本民俗学」の礎となる、日本のあらゆる生活に関する聞き取り調査によって、共通する文化や習慣、また地方独自の文化や習慣が明らかになっていきました。そのきっかけとなったのは、国を挙げての欧米化への流れであり、天皇制のための神社の統廃合（合祀《ごうし》）でした。長い伝統文化や生活習慣が壊れていくことに危機感を持った人たちが、日本の衣食住をはじめ、伝承、伝統、物語、言い伝えに至るあらゆる「文化」を残すこと、見直すことを始めました。その先駆けとなったのが、柳田國男《やなぎだくにお》、折口信夫《おりくちしのぶ》、和歌森太郎《わかもりたろう》、南方熊楠《みなかたくまぐす》、渋沢敬三などの民俗学者各氏でした。

民俗宗教の発見

調査研究の中で、有形のものは「博物館や民芸館」に保存し、無形のものは文書や絵にして保存されました。整理・分類を進めていく中で、日本人が大切にしてきた「年中行事」「人生儀礼」や「物語」などの価値が浮かび上がってきました。日本人が何を大切にしてきたのか、庶民が何を守ってきたのかが見えてきたのです。

その中で、特に「宗教的・習俗的なもの」を集めたのが、民俗宗教と呼ばれるものです。もし民俗学の調査がなければ、時間の経過の中で古いものは捨てられ、忘れられていったことでしょう。一度失われると、二度と取り戻すことはできません。技術の伝承のようなものです。明治期は鎖国をやめて、開国から一気に文明開化を目指しました。また、天皇制を中心とした国家体制をつくるために、神社の規格化を進めました。このために、「古き良き伝統」が評価されることもなく一気に壊れていったのです。こうしたことへの危機感が「日本民俗学」を生み出す契機となりました。

民俗宗教の根底にあるもの

どの国で暮らしていても、人はみな「人間」としての共通性を持っています。たとえ言葉や宗教や生活習慣が違っていても、人間としての共通性があります。そして同時に、違う部分・独自性も併せ持っています。その違いを生み出す要因の一つが環境であり、民俗性です。では、日本人の特性とは何かと考えるとき、次の二点を宗教的特性として挙げることができます。

一つは、自然を単なる環境としてではなく、霊的な「神々の霊」が宿るところとして理解し、畏れ敬ってきたという点です。日本の「年中行事」にそのことが表されています。明治以前、日本人にとって自然とは、山や海や身近な川に至るまで、霊の臨在を感じる場所でした。そこには、人間が簡単に変更したり侵略したりできないという「畏れ敬い」がありました。人々は自然の中に神々の存在を認め、むやみに足を踏み入れるのを避けてきました。自然の恵みばかりでなく自然の猛威も、甘んじて受け入れるべき神々の意思であり領域でした。結果として、自然が保護されてきました。それが明治以降は、自然は人間が管理すべきところと理解されるようになり、利益を生み出すビジネスの場と変化したのです。このことから自然破壊が進むことになりました。

日本人の宗教的な特性の二つ目は、先祖を敬い供養することを何よりも大切にしてきたことです。それが「家族」の最も大切な役割でした。先祖こそが自分たちの暮らしを守り、繁栄させてくれる支えでした。現代のような社会保障もなく、国や領主も頼りにならない時代にあっては、自分の家族こそが生活の支えだったのです。「人生儀礼」の習わしを見るとそのことがわかります（2章参照）。どの国にも先祖を大切にする価値観や習慣がありますが、縄文・弥生時代という太古に生まれた習慣が現在まで残っているというのは珍しいことです。キリスト教が日本に定着できない大きな理由は、この「家族の供養」の課題があるからです。

民俗宗教から神道は生まれた

縄文・弥生時代から生活の中で生まれてきた「民俗宗教」は、五〇〇年代に仏教が来日するに至って、「神道」という形で組織化・体系化されていきます。民俗宗教は、生活の中で自然に生まれてきた自然宗教・民間信仰でした。教祖も経典も教団もない、見えない宗教でした。それが仏教の登場を機に、神社を中心とした宗教として組織化されていきます。つまり神道は、「民俗宗教」を根に持つ、「花」としての宗教なのです。

このため、神道は一般の宗教と違い、救いも説かず、確たる経典もなく、「儀式」を中心として人々に受け入れられていきます。人々は「神社」で拝むこと、儀式を行うことで安らぎと安心を得ていきます。神道に求められたのは、日々の幸せ、家族の安心、作物の豊作、病気の癒やしなど、まさに生活に密着した事柄でした。仏教が語る「悟り」も「煩《ぼん》悩《のう》」も、ピンとこない、縁遠いことでした。

民俗宗教が仏教に与えた影響

民俗宗教から神道は生まれました。同時に、民俗宗教は「仏教」にも影響を与えました。その結果として日本人は、外来の仏教を日本人の宗教として受け入れてきたのです。では、どのようなことに民俗宗教の影響を見ることができるでしょう（仏教側が日本に定着するためにした工夫や努力については別の機会に触れることにします）。

民俗宗教が仏教に与えた影響の一つは、「死者供養」に関することです。本来の仏教は、「生きている人の悟り」を語る宗教です。ですから「亡くなった人」のことには関心がありません。しかし日本では、仏教は死者の供養を大切にしました。このことが、人々が仏教を頼りとするようになった大きな理由です。神道が苦手としていた部分を仏教がカバーすることによって、市民権を手にしたのです。檀家《だんか》制度が導入されることで、さらにお墓のことにまで関わるようになりました。

民俗宗教が仏教に与えた影響の二つ目は、「日本の神々との融合」です。日本は多神教の国です。人々は古来から、自然のあらゆるところに神々の存在や気配を感じて生きてきました。一方で、仏教にも神々の教えがあります。それは、「仏に仕える神々」です。仏教もまた多神教の性質を持っていました。これらが融合するのはさほど難しいことではなかったのです。お寺は街中にも造られましたが、山地にも多く造られました。「自然の懐に抱かれる寺」となったのです。そこには神々が鎮座しており、それが仏と一体化することで、日本人には抵抗なく受容されていきました。神道は森の宗教、仏教は山の宗教ともなったのです。

民俗宗教に生きる現代人

現代の私たちにとって、民俗宗教はどんな意味と価値を持っているでしょうか。表面的には、人々の宗教心が薄れ、自然環境も変化していますので、民俗宗教は影が薄れていっているように見えます。しかしもともと民俗宗教は、地下水脈や木の根っこのような宗教ですから、表面（現実社会）に現れにくいものです。日本人の好む宗教的雰囲気のイベン

っています。それらの原動力とな
トや儀式、新宗教、墓参り、初詣、お盆等の中に身をひそめていて、それらの原動力となっています。

「宗教は好きではないが、宗教的な雰囲気は好き」という思いの中に、民俗宗教は生きています。色でいえば中間色を好む、料理でいえば薄味を好む、人間でいえば癖の少ない人を好む、曖昧さや融通無碍《むげ》を好むという傾向に、民俗宗教の真骨頂があるのだと思います。キリスト教の対極にある宗教だと思えます。

〈問い〉　あなたがキリスト者として社会で生きていくとき、「何となく居心地が悪い」とか、「信仰のことを話しにくい」と感じることはありませんか。民俗宗教は言挙げしない宗教ですので、議論や主張、優劣をつけることを避ける傾向があります。キリスト者になる前の宗教観と、今の宗教観を照らし合わせてみてください。

2　民俗学の成果——年中行事と人生儀礼

民俗学がもたらした成果

古き日本の伝統や伝承、生活の中で培われてきた「日本らしさそのもの」を残し伝えるために、明治時代から民俗学者や賛同する人々によって、日本全国の記録や資料が集められました。品物等の収集や、文字や絵によって記録を残そうとしました。その中の一部が今日、民俗博物館や民芸館、図書館等に保存されています。比較宗教の視点で注目されるのは、日本の伝承や物語、昔話などとともに、「年中行事」や「人生儀礼」に関する部分です。なぜならそれらは、単に行事や儀礼ではなく、その背後に日本人が生活の中で大切にしてきた宗教的な意味や迷信、習俗の考えが含まれているからです。このため、人生の途中でキリスト者となった人たちは、年中行事や人生儀礼にどう向き合えばよいのか悩み、戸惑うことになります。それは背後に宗教と結びついた意味があるためです。

南北に細長く伸びる日本で、北海道と沖縄では衣食住や生活環境がずいぶん違うにもかかわらず、共通する日常生活のリズムや、似通った人生の通過儀礼があることに驚きます。地域特性を生み出しているとともに、共通の思想を併せ持っているのは興味深いことです。まず、年中行事について注目しましょう。一月から十二月までの間にどのような行事があるでしょうか。

年中行事の特徴

お正月に始まり大みそかに終わる年中行事には、幾つかの特色があります。その第一は、年中行事の儀式が一月と七月に集中しているということです。すなわち、お正月とお盆であり、これらは、「魂《たま》祭り」と深くつながっています。日本人が昔から「先祖の霊」を大切にしてきたことはすでに述べました。人々は、普段から先祖の霊を身近に感じていましたし、年の初めのお正月には先祖の霊を迎えて交流し、新年の守りをお願いしました。大切なお客さまですので、十二月の半ばから大掃除をし、年末には餅つきを行い、準備を整えました。お盆も同様に、家や墓を掃除して、提灯《ちょうちん》をともして墓地まで迎えに行きました。それは故人に対する懐かしさや供養のためだけでなく、家族が無病息災で家内安全であることを期待してのことでもあります。年末年始やお盆の時期に多くの人が故郷を目指すのは、先祖の霊と関係があったのです。今では各行事の意味は薄れ、旅行のために混雑する時期となっています。

第二に、四季の変化の季節ごとに、「祭り」が各地で行われてきました。その中心にあったのが地域の神社でした。春祭りは作物の植えつけの準備の祭り、夏祭りは作物の無事の生長を願っての祭り、秋祭りは収穫が与えられたことへの感謝の祭り、冬祭りは一年の無事と穢《けが》れを祓《はら》い清める祭り、というように、それぞれの祭りに意味がありました。夏祭りは室町時代頃から仏教の影響で、「盆踊り」と結びつきます。祭りは地域共同体の結束を強めるだけでなく、普段の生活で生じる「穢れ」（気が枯れる）から、「晴れ」（晴々とする）への転換をも意味していました。祭りのときは仕事を休み、普段着と違う晴れ着を着て、食事も少し豪華なごちそうを食べて、「元気」になるひとときでした。

第三に、奈良時代からの神仏習合（神仏混淆《こんこう》）が進む中で、お正月は主に神道が担当し、お盆は主に仏教が担当する仕組みがつくられていきました。思い出してみてください。お正月の行事は神道色が強く、お盆の行事はもっぱら仏教色が強いと感じませんか。もともとは、正月もお盆も先祖の「魂祭り」でした。神道と仏教という異なる宗教が協力することで、日本人は安心・満足を得てきたのです。

人生儀礼の特徴

続いて、人生儀礼（通過儀礼）について述べましょう。今では医学の進歩や食料の充実、衛生管理の向上などによって、日本人の平均寿命は八十歳代に延びました。しかし昔は、子どものうちに亡くなったり、働き盛りに亡くなったり、また疫病や飢饉のために、一家が全滅することや、集落ごと消えてしまうこともありました。このため、人生を全うすることは悲願ともいえる願いでした。人生の節目ごとに儀式を行い、霊魂を清め、心身を強くすることは大切なことでした。そういった儀礼が今に残る人生儀礼です。七五三や成人式、死後の弔い（四十九日や一周忌など）は、現代でもなじみ深い人生儀礼でしょう。年中行事と同様に、私たちの国の人生儀礼にも幾つかの特徴がありますので、そのことを説明しましょう。

第一に、私たちの人生はこの世での生活だけでなく、死後の「あの世」にもつながって「人生」と考えられてきたということです。今ではこの考えは忘れられつつあります。現代は、「死ねば終わり」と考える人が増えています。かつてはあの世まで人生が続いているという意識が強かったため、「弔い上げ」と呼ばれる区切りを迎えるまで、供養を大切にし、それが正月とお盆にもつながっていました。死後の弔い上げまでは「仏さま」と呼び、弔い上げ後は「ご先祖さま」と呼んできました。

第二に、この世で暮らす人とあの世で暮らす人との間に、「相互扶助」の関係があることです。加えて、誕生から大人になるまでの期間の儀礼と、死んでから弔いが落ち着くまでの儀礼は、細かに執行されていました。この世で暮らす家族や友人は、亡くなった人を忘れずに供養することで、「あの世での安定と幸せ」を支援します。一方あの世にいる人は、この世で暮らす人を見守り、加護してくれます。そのおかげで家族も安心して暮らしていけます。生死の境なく「家族の絆」は強い支えでした。

第三に、人生儀礼のうち誕生から結婚までの期間と、弔い上げ後のご先祖さまの領域は、主に神道が担当してきました。これに対し、結婚後から死ぬ時まで、さらに死んだ後の弔い上げまでの期間は、主に仏教が担当しています。これは、実に見事と言うほかない神道と仏教の協力関係です。そのもとで、現実の日常生活だけでなく、日本人の精神生活もまた支えられてきたということです。キリスト者が普段の生活の中でこれらの年中行事や人生儀礼に関わるとき、どう対応したらよいかと悩むのは当然のことです。なぜならこれらの儀礼の多くが、神道や仏教の教えを根拠としているからです。

霊的存在と儀式・儀礼の関係

聖書の中で語られている「霊的存在」は、神、サタン、天使、悪霊、そして人間の魂ですが、日本で語られる霊（魂）は、多岐にわたります。たとえば神々から始まり、水子《みずこ》の霊や死霊、怨霊《おんりょう》、幽霊、悪霊、動物の霊、水の霊、木々の霊と、数々の霊が信じられてきました。しかもその霊は分霊も可能であり、この世とあの世をつないでいます。このことは、日本人が「霊的存在」をいかに身近に感じ、いかに大切にしてきたかということを示しています。この国では、儀式や儀礼を通じて霊を清めたり強めたりできると考え、機会あるごとに節目となる儀式を行ってきました。年中行事や人生儀礼が省略されていくというのは、目に見えない世界や霊とのつながりを意識しなくなっているということです。つまり、現実の見える社会しか眼中になくなっているといえるでしょう。

〈問い〉　キリスト者としてこの日本社会で生活していこうとするとき、様々な行事に対して、参加するかしないかで悩むことがありませんか。家庭を持っている人や地方で生活している人は、地域社会とのつながりが深いため、戸惑うことが多くあるでしょう。そのような場合、あなたはどう対処していますか。

3　日本人は霊魂とのつながりをどう考えているか

科学と物質主義の世の中に生きて

今から七十数年前の戦前までは、農業や漁業、林業の仕事をしている人が多くいました。つまり、自然と関わりながら生活する人がたくさんいました。しかし戦後、都会でサラリーマンとして暮らす人が着実に増えていきました。貧しかったこの国も物質的に豊かになるにつれて、身近だった自然は地域から消え、科学の恩恵で便利な生活が訪れました。それに伴い、霊的なものへの関心が薄れ、信頼できるものとして科学的な根拠が求められるようになりました。

もともと見えない存在や霊的な事柄に強い関心を持つ国でしたが、いつの間にか「五感」を基本とする物質主義の価値観が主流となっていきました。それに連動して、既存の伝統的宗教は衰退し、興味を引くイベントや楽しさをもたらす宗教が人を満足させています。「見えるもの」「体験できること」に価値を置く時代となったのです。

人は死んだらどうなるか（先祖を祀る）

民俗宗教の項目で学んだように、日本人は、亡くなった家族や友人を丁重に祀《まつ》ることを大切にしてきました。それを家族の存在理由や使命と考えていました。人の死とは身体と魂の分離であると考えていたので、身体は墓に葬り、魂は祀って大切にすることが、遺《のこ》された家族の役割と信じていました。きちんと祀って（供養して）もらえないなら、死人は浮かばれずにこの世に恨みを残すことになると恐れました。「たたり」「怨念《おんねん》」の考えは、今もこの国に根強く残っています。

つまり、かつての日本において、死後の人生や来世があることは当然のことでした。それがなければ神道も存在せず、人生儀礼も年中行事も今とはずいぶん違っていたことでしょう。広くアジアや世界においても、昔は死後の人生も来世も当たり前のこととして受け入れられていました。

人は死んだ後も生きていると考えた（あの世で暮らす）

仏教は原始仏教の段階では、「霊魂の存在」を明確にしていませんでした。しかし来世の存在は、「六道輪廻《ろくどうりんね》」という考え方を通して人々に語ってきました。人はみな六つの苦しみと悩みの世界に、生まれ変わり死に変わりして住み続けているという考えです。この輪廻の世界からの脱却、つまり「悟り」こそ、仏教の目指す最も大切なことでした。そして大乗仏教の成立までには、霊魂の存在が前提として語られていました。キリスト教でも、霊魂の存在や来世があることを大前提にしています。もしそれがないなら、キリスト教そのものが成り立ちません。

民俗宗教においては、人は死んだ後、あの世と呼ばれる「根《ね》の国」「黄泉《よみ》の国」「常世《とこよ》の国」に行きます。そこにはすでに亡くなった両親や兄弟、親戚や友人たちが生活していると考えていました。ですからそこは見知らぬ所ではなく、「この世」と似た生活が待っている場所と信じていました。死ぬこと自体は怖くとも、死んだ後は懐かしい人が待つ世界に行けるのです。ここに、日本人の「死の受容」があり、死に対する潔さや穏やかさがあるのです。民俗宗教では、天国もない代わりに地獄もないというのが特徴です。

これは民族宗教が基となっている神道においても同様です。この思想が日本人の来世観を形づくっています。

亡くなった人と生きている人の交流（正月とお盆）

亡くなった家族や友人を忘れない、懐かしく思う、というのは自然なことです。どんな宗教もその心情を否定しません。しかし日本においては、その亡くなった人たちが年に二回（正月とお盆）、家に帰って来ます。それだけでなく、お墓、仏壇、そして「草葉の陰」（身近なあの世）からも見守ってくれます。つまり、死というのは生きていることの延長であり、ただ普段いる場所が変わっただけという理解です。

これが可能となるのは、この世とあの世を近いものととらえていること、また霊魂の「分霊」が可能であるという考え方があるからです。民俗宗教は人々の願いが根底にあるため、生きている者と死んだ者との距離をできるだけ縮めておきたいとの願いが反映されています。亡くなった人を迎えるために、正月もお盆も掃除をし、ごちそうを準備してもてなすのは、それだけ大切なお客さまであることを表しています。亡くなった人との絆を大切にすることで、家族の幸せや豊作、無病息災をもたらしてくれることを期待しました。生きている人と死んだ人が相互に思いやる心情がここにあります。

死んだ人を大切にした昔（供養）

亡くなった人を供養するというのが、「大切にする」ことの何よりの証《あか》しでした。「生前は十分に孝行したり、優しくしたりできなかった」との思いが誰にでもあります。供養はこの後悔を晴らす良い方法でした。併せて、生きていくことの大変さの中で、亡くなった人に自分たちを助けてほしいとの願いもあります。なにしろ家族ですから、甘えることができます。供養は家族愛の観点からも、生活上の必要からも、なすべき自然なことでした。

さて、今の時代はどうでしょう。法事や墓参りは相変わらず続けられています。しかし、正月やお盆の行事は確実に簡略化されてきています。正月やお盆に旅行などで家を空けることもあります。葬式も、費用の面から小規模な家族葬にするなど現実的になっています。墓の問題で悩む人が多くなりました。葬儀のしかたも多様（仏式にこだわらない）になりました。

死後はどうなるかわからないと考える現代人（今がすべて）

なぜ供養を以前ほどに重視しなくなったのかについては、幾つかの理由が考えられます。

一つは、戦後の民法改正に伴ってそれまでの家族制度が大きく変わり、家族の連帯意識が変化していることです。家族愛がなくなったわけではありません。「家」や「先祖」という集団への愛着が薄れているということです。戦後の「個人重視」の考えが影響しています。

二つ目の理由として、「霊的」なものへの関心の薄れが影響しています。人間の魂や霊といったことはあまり意識されず、肉体を持つ存在として考えます。見えないもの（霊魂や神仏）は証明できません。来世についても確かではありません。確かなのは、「今、自分が生きている」ということです。ですからこのことに思いを集中させます。今の人生で完結させることが大切だと考えます。このため、今できること、やってみたいことを実行することが生きがいであり、生きる意味となります。現代の日本において、宗教はこのための補助の役割に甘んじています。信仰が人生の支えになりにくい状況なのです。

〈問い〉　あなたはキリスト者として、「神とか魂とか、どうして信じるの？」「死んだ後のことはわからないいんじゃないの」と問いかけられた場合、どのように答えますか。教会で質問役と回答役を分け、話してみてはどうでしょう。

4　神道の教義について

神道が大切にしていること

神道は日本古来の宗教です。その源は民俗宗教にあります。民俗宗教は、日本人が長い時間をかけて日常生活の中で生み出したものです。ですから日本人に最もしっくりくる宗教です。神道では、昔から大切にされてきた「教義」あるいは「根本」とされていることがあります。それは、「清き・明《あか》き・直《なお》き・正しき・真心」と表現されます。神々の前に、また人々の前に恥ずかしくない心を持つこと、そのような生き方をすることです。これをあるべき理想と考えてきました。この目標からそれたときは、禊祓《みそぎはらえ》を行い、謹慎することで償おうとしました。神道では「救い」を説かず、刑罰の場（たとえば地獄）もありません。謝ること、反省の姿勢を表すことが大切と考えました。神々がいることを説いても、絶対神は存在しないため、人間同士が赦《ゆる》し合うこと、助け合うことを大切に考えているのです。

神道が教える「天つ罪」と「国つ罪」

神道の根本経典ともいえる『古事記』と『日本書紀』の中に、「罪」のことが語られています。また、九二七年に完成した『延喜式《えんぎしき》』にも記されています。『延喜式』によれば、罪には二種類あって、天《あま》つ罪（神聖な神々に対する罪）と、国《くに》つ罪（人間関係における罪）に分けることができます。天つ罪は八種類挙げられ、国つ罪は十三種類挙げられています。天つ罪を具体的に挙げると、これらは稲作と関連し、畔放《あはなち》、溝埋《みぞうめ》、樋放《ひはなち》、頻蒔《しきまき》、串《くし》刺《さし》、生剝《いきはぎ》、逆剝《さかはぎ》、糞戸《くそへ》です。これに対して国つ罪は、共同生活の中で慎むことが取り上げられ、生膚断《いきはだたち》、死膚断《しにはだたち》、白人《しろひと》、胡久美《こくみ》、幾つかの近親相姦、虫の難、鳥の難、雷の難などが挙げられます。不可解な病気や災難が神の罰として考えられていたようです。

　これらの具体的な罪には、現在の私たちの生活においては、普遍的な意味に欠けるものが多く含まれています。このため神道では、その時代ごとに善悪を定め、違反者は罰を受けて反省の態度を示すことで、再び共同体の中に受け入れられました。ただ、どうしても赦しがたい場合は、「天罰を求めること」や「村八分にする」ということで、つながりを制約する形で違反者を出さないように戒めてきました。

禊と祓について

現在では、禊《みそぎ》と祓《はらい》は同じ意味で用いられることが多くなっていますが、本来、禊は、これからの儀式や行動を前もって清めることを意味していました。たとえば神輿《みこし》を担ぐとか、神事に関わるとか神聖なことに携わるときに、自分の罪穢《けが》れを清めることを意味していました。一方、祓いは、すでに自分の身に起こっている罪穢れを清めるとか、病や苦しみや悪霊を取り除くことを願って行うものでした。これらのために、幣《ぬさ》であったり、水や塩や火であったりが用いられました。それはちょうど、汚れた身体や衣服を洗い流すかのような行動であり、そうすることで心も清められることを期待しました。古来から、神々は「神聖な方」であり、人間が気やすく近づける存在ではないと理解していたからです。罪穢れを祓い清めることで、新たな生命力を回復し、真心をもって神と人に向き合うことを願いました。このために避けたのが、「血の穢れ」と「死の穢れ」でした。生理中や出産後間もない女性には参拝を禁じ、亡くなった人の家族に、「忌中」は参拝に来ないよう求めました。

神道においては、六月三十日と十二月三十一日に全国の神社で行う大祓《おおはらえ》という古来よりの尊い儀式があります。この儀式を行うことで、日本に暮らすすべての人の罪穢れが祓い清められ、善男善女となり、神々に祝されることができると考えられています。こうしたことが、神道が「救いを必要としない」とか「地獄を考えない」といった独特の信仰形態を持つに至った理由だと思います。

私たちの国では、正しくない行いに対して、「罪」という直接的な言葉は避けられ、「過ち」とか「過失」といった曖昧な表現が好まれます。罪を意識するのは、神に対して罪を自覚するというよりも、互いの人間関係の間で意識し、敏感に反応します。それは生きていくうえで、共同生活の中で、人と助け合うことが必須であったことに起因していると思われます。

聖と俗のけじめ

神道は、「聖と俗」を区別し守ることを大切にしてきました。別の言い方をすると、聖と俗の間に「結界」を設けるということです。宮司の生活においても、勤めを果たす前に沐浴によって身を清めます。氏子《うじこ》（同じ氏神《うじがみ》を信じる者たち）によって祭りが行われるときも禊が大切にされてきました。神聖な神に仕えるとの自覚が強く働いています。また、神社の境内においてもしめ縄によって「結界」を張っています。神聖な神と俗なる世間との間の区別であり、参拝に訪れる人も、「お手水場《ちょうずば》」で身と心を清めて神の御前に出るとの信仰です。一般的な日本人の生活の場においても、正月の前には大掃除をして玄関にしめ縄を飾ることで、ご先祖を迎える準備をしています。

このように、日常生活の中に非日常の空間（神聖な場所）と時間（神の臨在）が存在するとの自覚によって、神道は支えられてきました。それが、信仰心の欠如や結界の不明瞭化、目に見えない存在への畏怖の念の喪失によって、神道の魅力は損なわれつつあります。

〈問い〉　キリスト教と神道を比較した場合、似ていると思う点と、違うと思う点がありますか。神について、人間について、来世についてなど考えてみてください。教会の学習会などで話し合うと、理解が広がるでしょう。

5　神道の神々と神社の系統を知ろう

まずは身近な教派神道から知ろう

神道の特色を表現するとき、神社神道、学派神道、復古神道、教派神道などと呼ぶ言い方があります。

江戸時代には、神道の中に「国から認められた神道」（神社）がありました。同様に、第二次世界大戦以前、明治政府から公認された神道を教派神道と呼びます。その主なものが十三派ありました。神道大教、黒住《くろずみ》教、神道修成派、出雲大社教、扶桑《ふそう》教、實行《じっこう》教、神道大成教、神習《しんしゅう》教、御嶽《おんたけ》教、神理《しんり》教、禊《みそぎ》教、金光《こんこう》教、天理教がそれです。みなさんも幾つかの教派神道名をご存じでしょう。

これらとは別に、庶民の間においては、地元の地域性の強い集落や街中の神社とのつながりが、人々の普段の生活を支えてきました。戦前までは農業との関わりを持つ人が多くいましたので、昔から地域にある神社は、人々の生活と連帯の中心にありました。神社の祭りや行事とともに生活のリズムをつくっていました。

神道は民俗宗教を根底に持つ

すでに述べてきたように、神道は、「民俗宗教」あるいは「自然宗教」と呼ばれる、日本の生活から生まれた習慣・習俗を根に持っています。その民俗宗教には、幾つかの特色があります。

一つは、祖先崇拝（亡くなった家族）を大切にすることです。もう一つは、自分たちの暮らす自然への感謝と畏敬の念を持つことです。自然の恵みに支えられるとともに、時として荒れ狂う自然を恐れました。これらの価値観が「年中行事」を生み出しました。

民俗宗教は、教団もなく、教祖もおらず、経典もありません。長い生活の中で生み出されてきた価値観、宗教観だったのです。このためにたくさんの神々を必要とし、人間もまた神（ご先祖）になっていくことは心情的に自然なことでした。そこに仏教が来日することで、民族宗教は神道として形を整えていきます。

もし仏教が大陸から入って来なかったら、神道のあり方は今とは違っていたことでしょう。それほどに仏教の伝来は衝撃的でした。民俗宗教は神道へと昇華し、神社で儀式を行うという形で人々の生活に根を張っていきました。神仏混淆と呼ばれる融和・協調の中で、神道は変化していきました。現在、概数で八万社とも九万社ともいわれる大小の神社が今も日本全国にあります。明治の初めには十九万社あったといわれていますが、神仏分離とともにご神体の合祀が行われて、神社の格付けが決まりました。このために、地域の文化や特性が失われ、地域の連帯性も着実に弱くなっていきました。

神社は仏教の渡来により形成された

仏教の伝来以前、最古の神道は、天皇から庶民まですべての人々の生活に定着していました。ただ神社の基となる「やしろ」は少なく、人々は自然の山や川や海を拝み、神々を心に思いました。為政者たちも、神々に祈願することで国家の繁栄や安泰を願っていました。しかし仏教が入って来たとき、天皇が仏教への受容や拒否の態度を留保している間に、豪族たちは氏神の菩提寺《ぼだいじ》として（一族の繁栄を祈願し、死者を祀る寺として）仏教を取り入れ、祈願をささげました。為政者たちは、神道をそのまま継続しながら次第に仏教を取り入れ、国家の繁栄、また皇室や自分たちの安泰のために、霊験《れいげん》に優れた宗教として位置づけました。奈良朝廷は仏寺建立とその維持、また僧侶の育成のために、財政破綻をきたしたといわれるほどです。

危機感を持った神道は、地域を中心として神社を建立し、祭事を行い、宗教としての神道の体裁を形成していきました。もともと広く人々の信仰を集めていたので、地域を中心とした神社形成が広がるとともに、系統による勧請《かんじょう》神社（祭神の霊を分けて移した神社）が受け入れられました。日本において、こうした「分霊」はごく自然なことでした。今もときどき、分骨が行われますが、これは分霊が根底にあって可能となるものです。

神社の建物には、日本古来の建築様式もあれば、仏教の影響を受けているものもあります。境内地の建物の配置も仏教の影響があるとされます。それほどに仏教の影響は絶大でした。奈良時代以降、仏教側の働きかけで「神仏習合（混淆）」「本地垂迹《ほんちすいじゃく》」の政策が進められ、人々が「神と仏は一緒」と考えるようになっていきます。

明治時代までは、神道は仏教の影を演じる立場を強いられましたが、天皇制の確立の中で、神仏分離令や廃仏毀釈《はいぶつきしゃく》が起こりました。戦後は宗教法人法のもとで、仏教も神道も、そしてすべての宗教が平等・対等の立場に置かれました。

神社は人々の願いに応じて変化する

「日本の代表的な神社の系統比較」（四二〜四三頁）を見ていただくとわかるように、それぞれの神社の主神や祭神は異なります。また、時代の移り変わりの中で、「神徳《しんとく》」とされるご利益《りやく》も変化します。神道では多くの神さまを祀り、拝んできました。時代の変化の中で人々が必要としていることや困ったことは少しずつ変化しますので、その必要を満たしてくれる神さまを求めました。結果として、神さまは変化する願いに応えることとなり、「神徳」もまた変わっていきます。日本の神々信仰は、一人の神さまが全知全能とは考えないため、必要を満たしてくれる神を複数求める結果を生みました。

このことは、私たちが普段している買い物と似ています。欲しいものによって行く店を選ぶように、神さまに願うこともまた、「大願《たいがん》成就」をもたらしてくれる神さまへと足を向けるのです。たくさんの神さまを信じることもよし、それが仏さまであっても大丈夫というのが日本的な信仰心なのです。一神教的な考えからすればめちゃくちゃと考えられますが、良い悪いの問題ではなく、日本人にとって、こうした考えで「神と仏」に向き合うことは生きていくうえで合理的なことなのです。

日本の神道や神社の今後

神道は「森の宗教」と呼ばれてきました。身近な所に豊かな自然があること、また地域の連帯があって祭りが執り行われるときに、神道（神社）は魅力を発揮します。しかし、自然が減って地域の共同体も消滅していくとき、神道自体もエネルギーを失っていきます。

現在、多くの人が訪れるのは、「祈願神社」「観光神社」といった色彩の強いところです。不特定多数の人が、何かの目的を持って訪れる神社です。一部の神社だけが盛んになり、大多数の神社が疲弊しています。

人口減少と都市への移住、氏子の衰退により、過疎化が進む地域では、神社そのものの維持が困難となっています。宮司がいない神社が増え、建物や境内の維持管理が経済的にも人材的にも難しい状況が顕著となっています。単独の神社だけでなく、系統に属する神社においても、信仰心の希薄化と儀式離れの中で、自然淘汰による合祀が進んでいるのが実情です。このため毎年、神社数が減少しています。

これまで、神道も仏教も宗教施設としての面ばかりでなく、地域のいこいの場、まとめ役としての側面も持ってきたため、神社が減ることとは、特に地方の地域社会にとって受けるダメージが大きいものです。それは、たとえて言えば、買い物に便利だったスーパーがなくなり不便になること、近くにあった病院が閉鎖して遠くにまで行かないと受診ができなくなることと同じくらい大変なことです。神道（神社）の衰退の危機は、日本という地域社会の危機につながっている問題です。

〈問い〉 あなたが住んでいる地域には、どんな神社がありますか。その系統、祀られている神々の名、由緒等を調べてみましょう。神社を知ることは、その地域の歴史を知ることにつながります。

表1　日本の代表的な神社の系統比較（主たる三十二系統の中から七系統）

神社名	主祭神	神社系統	使わしめ（神の使い）	分社数	特色
八幡	応神天皇（八幡神）	八幡系 七、八一七社	鳩・鷹	二五、〇〇〇社	●日本全国に祀られている点で、神社を代表する存在 ●戦前までは武神（源氏）としてあがめられたが、戦後は教育や縁結び、子宝の神として親しまれる ●発祥地は、大分県の宇佐八幡宮
伊勢	天照大御神	皇太・神明・天祖系 四、四二五社	鶏	一八、〇〇〇社	●天照大御神を祀ることから、日本の総氏神とも呼ばれる ●六〇〇年代に創建され、皇室の祖神としても祀られる ●神社の中でも特別扱いを受け、市民からの信頼も昔から厚い
天満宮	菅原道真	天神・天満系 三、九五三社	牛	一〇、四四一社	●学問や受験の神として親しまれている ●不遇の死を遂げたことから、当初は怨霊として恐れられたが、祀られることで和み霊となって、祝福をもたらした ●人々の信仰が盛んになったのは、寺子屋ができた江戸時代から

稲荷	宇迦之御魂神	稲荷系 二、九七〇社	狐	三二、〇〇〇社	●主神は、稲の精霊を神格化した神である ●古事記の記録にも、食物を祝する神として登場 ●稲荷信仰は、奈良時代にはすでに発生していた。農業神として、全国に所在する数においては最大である
熊野	熊野大神	熊野系 二、六九三社	霊鳥（カラス）	三、〇七九社	●熊野三山は、山、滝、海を象徴するともいわれ、自然の神秘性を背景とする ●熊野には、修験の道場があり、山岳信仰とも結びついている ●鎌倉・室町時代以降、「熊野詣」によって信頼を得る
諏訪	建御名方神	諏訪系 二、六一六社	鳥・狐・白蛇	五、〇七三社	●長野県諏訪大社を本拠地とするが、古事記にも記された武神である ●その後、風の神や農業の神として、庶民の生活を守る役を担う ●長野県と新潟県に神社が多い
日吉	大山咋神	日吉（日枝）・松尾・山王系 一、七二四社	猿・鳥	三、七九九社	●豊穣の神として信仰され、主神は矢に化身すると説く ●天台密教とつながり、天台宗とともに全国に広がる ●農業振興や酒造守護の神としてもあがめられる

※分社数はあくまでも目安

※このほかにも、祇園社系（二、二九九社）、白山社系（一、八九三社）、春日社系（一、〇七二社）、愛宕社系（八七二社）、三島・大山祇社系（七〇四社）、鹿島社系（六〇四社）、金毘羅社系（六〇一社）など

6　仏教はどのように受け入れられ、定着したのか

日本仏教の特徴

仏教が朝鮮半島の百済から日本に渡って来たのは、五三八年とも五五二年ともいわれています。それ以来、少しずつ、そして着実に、権力者階層を中心に受け入れられていきました。やがて六〇〇年代の半ばには、国家宗教の様相を呈してきます。その頃に、仏教の発祥の地インドの原始仏教とは異なる日本仏教の特徴が形づくられました。

まず、日本仏教の特徴について述べましょう。

第一に、インド仏教は悟りを開くという目的のために脱社会的であったのに対し、日本仏教は国家と結びつき、国家や権力者の繁栄や安定を祈る宗教となっていきます。財政的にも人材育成にも国家の保護を受けたことの当然の結果として、鎮護国家《ちんごこっか》や権力者の安泰を祈ることが求められました。

第二に、インド仏教が実践的・合理的であったのに対し、日本仏教は、「ご利益の多い宗教」として紹介されたこともあり、災害から守られることや繁栄を祈願する宗教として呪術的な加持祈禱《きとう》が執り行われました。

第三に、インド仏教は生者の悟りを目指す宗教でしたが、日本に伝えられるまでに先祖供養の儀礼を身につけ、日本においても先祖供養の強い期待を負って、「死者の供養と葬送儀礼」を担当するようになっていきました。神道が死者供養において消極的であったため、仏教が権力者だけでなく庶民の期待にも応じることになります。

第四に、インド仏教が執着から離れることを願って質素な生活を心がけ、私有物を持たず、むしろ慈悲の心や喜捨の心を持つことを目指したのに対し、日本仏教は人々の暮らしの中に根を張り、人々の欲求に応えることで仏教を伝える道を選択しました。このため、儀式や作法による祈願成就が日常化していきました。人々は儀式に参加することで安心を得ようとしたのです。

なぜ仏教は大きな抵抗もなく受容されたのか

新しい宗教が入って来る場合、すでにそこにある宗教との間で争いが起こるのが通常です。しかし、仏教が日本に入って来たとき、すでに根を張っていた神道（民俗宗教に根を持つ）は、大きな抵抗もなくこれを受容しました。なぜでしょう。そのことについて幾つかの理由が考えられます。

第一に、日本の土着宗教の未熟性、未完成が背景にあります。仏教が日本に入って来たとき、今の神道はまだ確立されていませんでした。神道の土台となった民俗宗教は、人々の生活の中で生まれ育ってきたものなので、一般の宗教のように教祖も教団も経典もありませんでした。このため、教祖と宗派と経典とを持つ仏教には、組織的、理論的に対抗できなかったのです。のちに神道も組織化され理論化されていきますが、それまでの間に、仏教はこの国で基盤をつくっていきました。

第二に、神道の持つ寛容性が仏教に好意的に働きました。民俗宗教も神道も、神々を信じ祀る信仰です。唯一神は存在しません。仏教という「新しい神」が加わっても、あえて拒否する理由はありません。相互理解ができれば受け入れます。仏教も多仏であり多神を語ります。互いに寛容であり、融通無碍の特質を持っています。互いに受容し、分担し、補充し合う宗教です。権力者も庶民も神道と仏教が仲良くすることを期待しました。

第三に、中国や朝鮮半島の文化と制度に対するあこがれが働いていました。「良きものは、海の向こうからやって来る」のです。日本は当時、中国や朝鮮半島にあこがれ、また多くを学んできました。その国から仏教が紹介されました。当初、天皇は仏教を受け入れるか判断に悩んだといわれています。なぜなら、神道こそ天皇と深いつながりを持っているのであり、天皇は神道の擁護者だったからです。しかし仏教にも期待と関心がありました。時間の経過の中で、寺院が建設され僧侶が養成されることで、仏教の地位は高まっていきました。奈良時代には、国家における仏教の地位が確立します。

奈良時代の仏教政策

奈良の都を中心として栄えた仏教を「奈良仏教」と呼んでいます。後に京都に遷都されてからは「南都六宗《なんとろくしゅう》」と呼ばれます。奈良仏教とは、三論《さんろん》宗、成実《じょうじつ》宗、法相《ほっそう》宗、倶舎《くしゃ》宗、律《りっ》宗、華厳《けごん》宗のことで、これらには幾つかの特色があります。

一つは、インド仏教の影響が残る、教えと修行を中心とした学派仏教であったことです。そして、平安時代以降の仏教宗派と違って学問中心であったため、一人の僧侶が幾つかの寺院を巡って修行することが認められていました。宗派の垣根を越えた交流がありました。

第二に、日本仏教の特徴となる死者供養の要素は少なく、知識と修行を重んじました。出家中心で個人の悟りを目指し、庶民の救済には関心の薄い仏教でした。六九〇年頃には、僧侶の数が三千三百人にもなっていました。

奈良には大きな寺院が幾つかあります。興福寺は藤原氏の氏寺で、薬師寺や法隆寺は法相宗の寺です（法隆寺は戦後、聖徳宗を名乗って独立）。元興寺《がんごうじ》は三論宗の寺、鑑真《がんじん》和上で有名な唐招提寺は律宗の寺です。東大寺は華厳宗の寺であり、この寺で僧侶は正式な僧侶としての認定を受けました。しかし、倶舎宗と成実宗は独立した寺院を持つことができませんでした。このため、後に他の宗派に吸収されることになります。

奈良時代、朝廷は、仏教の興隆によって国を富ませ、繁栄させることに熱心でした。国分寺や国分尼《に》《じ》寺を各地に配置し、僧尼令《そうにりょう》を整備して寺院や神社を管理しました。多くの寺院の建立のために資財をつぎ込み、本来なすべき事業をおろそかにしました。つまり、人々の暮らしを支えるための道の建設や、橋をかけたり、洪水を防いだり、開墾するといった地道な努力を怠ったのです。一方で、高い学識を持つ僧侶の発言力が増し、やがて財政はひっ迫し、京都に遷都することでやり直しを図りました。

仏教は日本になじみ、花開いた

仏教にとって日本という国は、相性の良い国であり、仏教の特性を生かせる国でもありました。仏教を待ち受けていたのは、神道というまだ形が整っていない、寛容で多様性に富む宗教でした。これから組織化され教義化される段階に神道があったことは、仏教にとって「折り合う」余地がある状態だったのです。仏教自体もインドから中国・朝鮮半島を経る中で、適応能力を身につけていました。仏教は入って行く国の状況に合わせて適応する力を持っています。

キリスト教を日本で宣教していく場合、仏教の事例はあまり役に立ちません。それは、キリスト教の主義主張が仏教とはずいぶん違っているからです。過去二千年間で大切にしてきた教理・信条ですから、大幅に変更する余地がありません。たとえば、神とはどんな存在か、救われる方法は何か、罪をどう理解するか、終末をどう理解するかなど、神道や仏教との共通点より相違点のほうが目立ってしまいます。ただ、信頼関係を築いて、キリスト教の良さを理解してもらうことはできます。時間をかけて内容を説明していくことです。かしこまった場面でなくても、普段の生活の中で信仰を証しする、愛情や誠実さといった心でキリストを証しする、相違点よりも共通点を探すなど、アプローチのしかたを工夫する努力が必要でしょう。

〈問い〉　神社と同様に、あなたの身近にある「お寺」はどの宗派で、歴史はどのくらいか、開祖はどんな人かを調べてみてください。地域の歴史や風土について知る機会になるでしょう。ひょっとしたら、地域の有力者や歴史的な人物が葬られているかもしれません。

7　日本仏教と神道の融合「本地垂迹説」とは何か

「神も仏も一緒」という考えは……

「神と仏は一緒」という考えを、多くの人が受け入れています。神社で拝む神さまも、寺で拝む仏さまも、姿かたちは違っても、同じ存在だという考えになじんでいます。それは、家族が亡くなって弔い上げまでの三十三年間は故人が「仏さま」と呼ばれ、それ以降は「ご先祖（神）さま」と呼ばれることからもわかります。また地方の伝統ある家では、神棚と仏壇が並んで大切に安置されています。

しかし、神さまは神道の主神であり、仏さまは仏教の本尊です。それぞれの間には違う信仰・教義が間違いなくあって、宮司も僧侶もそれぞれ自分の信仰を大切にしています。二つの宗教は決して一つにはなりません。しかし、普段の生活のレベルでは、神仏は一緒だと理解されています。ここに日本的な宗教の特色があります。この理由を仏教の視点から、また神道や民俗宗教の視点から学びましょう。

仏教は神道と争うことを避けた

仏教が日本に紹介されたのは、五〇〇年代半ばといわれます（諸説あり）。朝鮮半島（百済）からもたらされました。仏教の到来は衝撃的でした。まず金色の仏像は天皇や公家や有力な武士たちを驚かせました。これに続く経典の紹介や仏教建築は、権力者たちの心をとらえました。神道の守護者である天皇自身は、その魅力に引かれながらも仏教の受容を長い間ためらっていました。その間に、有力武士たちは仏教を受け入れ、菩提寺を建立し、一族の繁栄を祈願し始めます。

次第に、国全体が仏教により先祖の供養や鎮護国家、家族の繁栄や病気の平癒などを願うようになっていきます。仏教は、すでに日本に根を張る信仰となっていた神道との無益な争いを避ける道を模索しました。日本においては、天皇が神道を擁護し、人々も神道（民俗宗教）を生活の中心に据えていました。このため、仏教は神道との対立は望みませんでした。共存しながら日本人を教化する必要から、「本地垂迹説《ほんちすいじゃく》」を唱えるようになっていきます。こうしたことは、仏教が根源的に柔軟性・許容性・適応性を持つ宗教なので可能だったことです。仏教はどのような国に入ってもその国の宗教を滅ぼすことなく、融《と》け込みながら徐々に影響を増していきました。こうした特色が神道の許容性とも連動し、二つの宗教は、時間とともに融合していくことになります。

本地垂迹説とは何か

本地垂迹説とは何でしょう。仏教の経典「法華経《ほけきょう》」や「大日経《だいにちきょう》」に示されている考えの応用で、仏教の仏を本地（本体）、神道の神々を垂迹（化身）とする考えです。つまり、神道からすれば受け入れがたい屈辱的なことです。にもかかわらず、この考えがまかり通ったのは、仏教が国家の後ろ盾を得ていたからだと思われます。日本の神々は、本当は仏が日本人を導くために、神の姿を仮にとっていたのであり、仏教を信じることこそ自然なことであり、神道の教えとも矛盾しないと宣伝したのです。このような適応のしかたは、中国では道教との関係で語られていました。つまり、仏教にとってはすでに実践済みのことだったのです。

本地垂迹の教えは、奈良時代には試行されていました。そして、修験道《しゅげんどう》（11章参照）の貢献もあって、平安時代には広く語られるようになり、神々を「権現《ごんげん》さま」と呼ぶ習慣が生まれました。天台宗からは「山王一実神道《さんのういちじつしんとう》」が、真言宗からは「両部《りょうぶ》神道」が生まれました。ただ、こうした神仏の習合は一方的に進んだわけではなく、学派神道（5章参照）

が興った鎌倉時代には、逆に神祇《じんぎ》を本地とし、仏を従属的な立場に置く「反本地垂迹説」が説かれたこともあります。このようにして、奈良時代から江戸時代中期までの約千年間で、仏教と神道は、相互補完的な融通無碍な関係をつくってきました。

日本の庶民は、神仏習合を受け入れた

日本に暮らす庶民・大衆は、こうした仏教側の働きかけに隷属的に従ってきたわけではありません。しかし庶民にとっても、神道と仏教の融合は日本人の心情にかなっていて、受け入れやすいことでした。

なぜ日本人は仏教側からの本地垂迹説や神仏習合を受け入れたのでしょう。その理由として、次のことが挙げられます。①日本では、自然崇拝・神々信仰が自然なことであり、自然や聖人をあがめることに抵抗が少なかったこと、②日本では「仮の姿」をとることは、神々でも動物でも人間でも普通にあることとして理解していたという背景があります。昔話や伝承にその類の話が残されています。また、③庶民にとって、神道や仏教といった教義中心の「宗教」よりも、自分たちの生活を支え、願いを聞いてもらえる実益が大切であり、どちらかでなければならないとの考えは弱かったこともその理由です。たとえば、日本人の多くは仏教の来世観や救済観などには執着しないので、今もって受け入れていませ

ん。仏教の教義を選別しながら活用しているのです。④神道の特色を見てもわかるように、多神教は対立よりも補完性を大切にする傾向が強く、神道と仏教は、互いに補い合って日本人のニーズを取り込み、その結果として受け入れられました。

復古神道の台頭

仏教を国の宗教政策の根本に据えた「檀家制度」が、江戸時代の一六三〇年代から進められていきました。一六八〇年にはその政策が確立します。仏教の各宗派は、布教の努力をせずして、人々を檀家（門徒）として獲得しました。その代わり、国の宗教施策に全面的に協力することが求められました。その時から仏教は急速に退廃していきます。僧侶の道徳的な堕落、お寺の横暴さが目立つようになりました。しかし、人々は檀家として従うしかありません。

お寺と神社が混然一体となっていた状況の中、神道側から疑問の声が上がりました。それが、江戸後期の一七〇〇年代後半に提唱された「復古神道」です。これは、本来の神道に戻ろうという運動から生まれた神道です。国学者の本居宣長《もとおりのりなが》、荷田春満《かだのあずままろ》、賀茂真淵《かものまぶち》、平田篤胤《あつたね》、本田親徳《ちかあつ》らが、仏教と儒教を排斥して、本来の古の神道の姿を取り戻そうとしました。このことがやがて明治維新の「尊王攘夷運動」「神仏分離」へとつながっていきます。再び天皇を中心とした国家体制に戻ろうとする動きが準備されていきました。武士の時代に長く忘れられていた天皇中心の国家体制が、再びいのちを吹き返す準備が整えられていったのです。

今も神仏習合は生きている

明治の初めに、天皇制のために神仏分離政策が実施されました。それは、仏教を排斥して、神道を新国家の根本に据えるとの意思に基づくものでした。人々は、約二百年に及ぶ檀家制度による支配への不満と怒りから「廃仏毀釈」を実行し、多くの寺が焼き打ちや盗みの被害にあいました。しかし怒りが収まるにつれ、再び神と仏を信心する生活に戻りました。

人々の生活の中に、神道と仏教は根を下ろしています。何かの折には神社とお寺に足を向け、どちらの行事にも抵抗なく参加するのが日本人です。今でも「神仏は一つ」なのです。宗教としての神道と仏教に違いがあることはみんな承知しています。しかし、日常生活のレベルではどちらも一緒です。宮司と僧侶もそれを了解し、黙認します。事を荒立てないのです。

これが日本の信仰の特色といえるでしょう。日本人にとって、真理とは何かとか、どの宗教が良いかとかいうことよりも、「どの宗教が自分の役に立つか」ということのほうが優先順位として高いのです。このため、一つの宗教・宗派を選択する人は少数であり、その人たちもことさらに自己主張せず、自分の内面にとどめるため、宗教が議論になることは表面上少ないといえるでしょう。こうした現実を見ると、キリスト教がなぜ日本に定着できないのか、何となくわかってきます。

〈問い〉 あなたがキリスト教に接したとき、キリスト教に対してどんな印象を持っていましたか。そして、神仏習合の環境の中で、なぜキリスト教を選ぶことができましたか。記憶をさかのぼって、自分の内面を探ってみてください。

8　鎌倉仏教が仏教の基盤を広げた

なぜ鎌倉時代に仏教が活性化したのか

仏教が日本に伝えられてから今日まで、約千五百年の歴史が刻まれてきました。日本仏教は、発祥の地インドや東南アジア、チベット、中国の仏教などと共通しながらも、異なる仏教として日本に定着しています。日本仏教が日本人の仏教として信頼と地位を築いたのは、鎌倉時代といわれています。この時期に、権力者や経済力のある者や武士に限らず、広く庶民たる農民や女性、貧しい者に至る幅広い人々に、仏教の教えが受け入れられていきました。そして、結果として仏教文化が花開いたのが室町時代でした（茶道、華道、水墨画、能楽、書院造りなど）。

その理由を幾つか挙げることができます。一つは、世の中が天皇と公家を中心とする時代から、戦国の世を経由して武士の時代へと大きく変化する激動の時代だったことです。

人々の心には不安がありました。家族や身近な人たちが死や恐怖の中に置かれていたため、仏教に心が向かったのです。二つ目は、僧侶の中に起きた変化です。仏教の終末観において、まさにこの時期、「末法《まっぽう》の世」に突入していました。僧侶も焦りと不安を抱えていました。これからの仏教はどうすればよいのかと自問自答していました。僧侶の中に、守られた領域から飛び出して、煩悩と罪業《ざいごう》の中でもがきながら生きている庶民の救済を願う人たちが現れ始めたのです。

鎌倉仏教の開祖たち

鎌倉時代に「新仏教」と後に呼ばれる宗派が起こりますが、その主だった開宗者を紹介します。以下に挙げる人物のうち、中国に留学したことがあるのは、禅系の栄西《えいさい》と道元《どうげん》のみです。残りの開宗者は国内で学んでおり、そのほとんどが天台宗で学んだ人たちでした。

まず、浄土系の開祖として、浄土宗の法然聖人《ほうねんしょうにん》です。法然は絶対他力・専修《せんじゅ》念仏（自力の修行では救われず、阿弥陀仏《あみだぶつ》の慈悲にすがり、ひたすら念仏を唱えることで救われる）を説きました。続いて親鸞《しんらん》聖人です。親鸞は一向専修・一念発起《ぼっき》・悪人正機《あくにんしょうき》（念仏に励む、信心が初めて起こったとき必ず悟りを開いて仏になることが決まる、悪人こそ救済の対象）を唱えました。もう一人は、一遍上人《いっぺんしょうにん》です。全国を遊行しながら賦算《ふさん》（念仏札）を配布し、踊《おど》り念仏を広めました。

続いて禅系として、臨済宗の栄西禅師です。栄西は座禅・公案《こうあん》（禅問答）を勧めました。次に曹洞《そうとう》宗の道元禅師です。出家第一主義・修証一如《しゅうしょういちにょ》（修行と悟りは一つ）・只管打座《しかんたざ》（ひたすら座禅）を唱えました。

最後に法華系の日蓮宗の日蓮上人です。題目唱和（「南無妙法蓮華経《なむみょうほうれんげきょう》」と唱和する）・法華経主義（経典『妙法蓮華経』を第一とする）を唱えました。

これらの開祖たちは、開宗・立宗が目的というよりも、庶民の救済を何より大切とし、開祖を慕い尊敬する弟子たちが教団化を推進したといえます。道なきところに道を開いたのが師であり、それを整備し多くの人が通れるようにしたのが弟子たちです。

このように新仏教が次々に興り、庶民や武士にまで信者が増加する中で、旧仏教と呼ばれる奈良仏教や天台宗、真言宗は危機感を持ち、朝廷に働きかけて弾圧を加えていきます。一方で、現状への反省や革新の機運が生まれ、内部改革も行われました。つまり、旧仏教も刷新されていきました。

鎌倉仏教の特色

鎌倉仏教の信仰的な特色を幾つかの言葉で表現することができます。第一に、時代（末法の世）と機根（人間性）に合った信仰を語ること。第二に、幾つかの修行から一つを選び、それに徹すること。第三に、現実（現状）重視の信仰を語ること。第四に、民衆（これまで軽視されてきた人たち）中心の信仰を語ることです。

本来、仏教の悟りに至る修行方法は、心身の修行と経を学ぶ学問、それに善行に励むことなどが組み合わされていました。結果として、時間的・経済的・能力的に優れた人だけがその道を進むこととなりました。つまり、日々の生活に追われる人や、殺生《せっしょう》をしないと生活できない漁師や狩猟の民、武士、女性や子どもなどは置き去りにされてきたということです。これらの人たちに焦点を合わせたのが、鎌倉時代の仏教だったのです。

鎌倉仏教の功績とは

鎌倉仏教が結果として果たした功績を述べましょう。

第一に、奈良・平安仏教が形式主義、祈禱中心、修行中心となっていたのを、信仰（信心）中心の仏教に転換するきっかけとなりました。人々が日常の生活の中で、仏教信仰を活かすことを心がけるようになりました。この考えを実践するのに、仏教が日本に入ってから六百年もの歳月がかかったことになります。このことにより、旧仏教も信仰の刷新の必要を自覚しました。

第二に、庶民の救済と仏の前での平等意識が芽生えました。鎌倉時代は旧体制が崩れ、新体制が生まれようとする変化の時代でした。人々は自覚的に信仰を求め、仏の前に「すべての人は平等である」との真理を知ることになりました。身分制度があった世の中で、思わぬ真理を見出しました（原始仏教の理念の再発見）。

第三に、末法の時代という意識から、誰でも救われうる仏教の教えを見出そうとしました。従来の仏教の教えでは、限られた人しか悟りに至らず、庶民が悟り（救済）に至るためには難解すぎると考えたのです。このために、易行《いぎょう》（誰にでも行いやすい修行）の道が開かれました。

第四に、王法（世俗的権力）と仏法（仏教の教えの優位性）の問題が問われることになりました。それまで仏教は、国によって守られ、同時に支配されてきましたので、国に従属していました。しかし、仏法は王法の支配を受けないとの自覚が鮮明に打ち出されるようになります。このことは、後の戦国時代に宗教集団と武士団の争いに発展します。

鎌倉仏教後に生じた仏教の課題

この時代、良いことだけが起こったのではありません。課題も残りましたので、次にその点を述べましょう。

第一に、鎌倉仏教（新仏教）の広がりとともに、旧仏教からの弾圧が厳しくなりました。それにもかかわらず、鎌倉仏教は広がっていきます。ただこの時代、僧侶になるためには、東大寺や延暦寺《えんりゃくじ》での修行と、僧侶としての認定（授戒）を必要としたため、そこで学ぶことのできない僧侶は、私度僧《しどそう》（無認可僧）としての制限を受けることになりました。加えて、開宗の指導者などは流罪などの処罰を受けたため、自由に布教活動ができずに本来持っていた可能性を削がれてしまいました。

第二に、鎌倉仏教は間もなくそれぞれに教団化し、開祖の教えを守ることに比重を置き、新たな信仰の拡大・発展の芽を自らつんでしまいました。他宗との競争と自己の信仰を守ることにエネルギーを奪われる結果となり、江戸時代に渡来した黄檗宗《おうばくしゅう》を除き、鎌倉仏教以降に新たな宗派が起こることはありませんでした。

第三は、仏教が易行の方向に進んだため、総合的で全体を網羅する仏教から離れ、仏教全体に共通する教義の形成が難しくなったことです。仏教は釈尊《しゃくそん》（釈迦《しゃか》）の布教開始から今日までの二千五百年余りの間に、小乗仏教、大乗仏教、密教へと広がり、その間に多くのお経が生まれました。加えて、開祖の教えが各宗派の教義を独自のものへと変化させていきました。

〈問い〉 あなたの両親や祖父母の生家の宗派は何宗かご存じですか。調べてみてください。そして、その宗派の特色は何か、今、お寺とのつながりはどのような形で継続されているかを、家族や親戚に聞いてみてください。そうすれば、普段は触れることのない仏教の歴史を知ることができます。

9　日本仏教の宗派と特色について

江戸時代に十三宗派が確定した

日本に韓国の百済から仏教が最初に紹介されたのが五三八年頃とされています。それ以来、中国からもたらされた奈良仏教（南都六宗）と呼ばれる、三論宗・成実宗・法相宗・倶舎宗・華厳宗・律宗が、学問仏教として支配者層を中心に盛んになりました。その後、平安時代に、最澄による天台宗と、空海による真言宗が開宗され、徐々に庶民にも広がりました。時代は下って鎌倉時代に、鎌倉仏教と呼ばれる仏教が、天台宗から分離して興されました。浄土宗・浄土真宗・臨済宗・曹洞宗・時宗・融通念佛宗《ゆうずうねんぶつしゅう》・日蓮宗などがそれです。この時代になって仏教は庶民にも受け入れられ、室町時代に仏教文化が花開きます。そして最後に江戸時代に、黄檗宗が成立しました。

これ以来、仏教で新しい宗派は興っていません。生まれたのは、江戸末期以降に誕生した仏教系の新宗教です。

日本仏教の宗派はどのようにして生まれたのか

仏教は外国（韓国や中国）から紹介された宗教として、特定の人の間で受け入れられました。日本からは国費留学生として優秀な僧侶が派遣されたり、逆に中国から特別に招いたりしました。それは、仏教が国教として位置づけられていたからです。このため鎌倉時代までは、中国の仏教を受け入れることが正統性の根拠となっていました。七〇〇年代初めには正統な僧侶を国として養成するとともに、勝手に僧侶となること（私度僧）を禁じ、区別しました。

それが変化したのは、鎌倉時代になってからです。鎌倉仏教の開祖の一部は留学経験者ですが、多くは日本で仏教を学んできた人たちです。このため、彼らは中国とは異なる仏教を布教しました。日本で仏教修業し、日本にあるお経を学んで理解しました。日本人向けの仏教へと脱皮したといえるでしょう。ちょうどこの時期は、仏教の歴史観で「末法」と考えられていましたので、すべての人が救われうる仏教が求められていたのです。鎌倉仏教の開祖たちは、山から里へ、特定の人から庶民の救済へと、方向転換したのです。

なぜ多くの経典や宗派が存在するのか

仏教は「絶対」という考えを持ちません。また、「唯一の神や仏」を立てません。釈尊（釈迦）もそのような存在ではありません。釈尊は、真理を悟った先達者の一人です。よって、弟子たちを育てるのも、先輩として弟子に接してきました。お経は真理を記しているものの、絶対ではなく唯一でもありません。真理の一部です。このために、お経は八万四千の法門と呼ばれ、いつでも、いくつでも、今後も作られます。それらはすべて「覚者《かくしゃ》」釈尊の名前によって記されます。しかも、真理は言葉や文字によって伝えられるだけではなく、心で伝えられる真理（不立文字《ふりゅうもんじ》）もあります。

仏教には数多くの宗派がありますが、自分の宗派を絶対だとは言いません。他の宗派を認めながら、自分の宗派を大切にします。唯一ではないが、独自のものとするのです。このため、救いの方法として、自力と他力、またその混合も存在します。求める人の願い・価値観によって仏教側が対応するのです。「阿弥陀仏のみ」と主張する浄土宗や浄土真宗も、他の宗派を認めます。日蓮宗は、自分たちの優位性を主張します。このことで、他の仏教宗派から敬遠されます。多少の温度差はあるものの、絶対・唯一性の主張は、意識的に避けていています。

多くの宗派が存在することは、仏教の性質上、想定内・許容範囲にあるということです。

このことが混乱をもたらすという面もあれば、同時に包容力・魅力を示す面もあります。

仏教は他宗教と比べてどんな特色があるか

仏教は日本において、良い環境に恵まれていたと思います。それは、ライバルとなる土着の宗教が、神道という、多神教かつ包容力・多様性のある宗教だったからです。神道は生活の中から生まれた宗教です。このため、教義的なこだわりや排他性が弱く、柔軟で現実的な対応をします。仏教と考えは違っているものの、対立よりも共存を望み、仏教もまた同化する道を選択しました。このように、役割分担や棲《す》み分けをすることで、対立を避けてきました。「神仏習合」「神仏混淆」という言葉がこのことをよく表しています。

仏教は、釈尊から始まる教え（根本）を守りつつ、同時に新しい真理を付加していきます。この結果として、新しいお経と仏が登場し、新しい解釈が施されます。その過程の中で、自力から他力、そしてその混合へ、顕教《けんぎょう》（明らかにされた真理）とともに密教（心で伝える真理）も、また一仏から多仏へと、時代と人と国によって変幻自在、融通無碍に「方便」を用います。釈尊を敬いながらも、釈尊だけにこだわりません。

キリスト教とはずいぶん違った特質・特色です。キリスト教は、聖書に限定し、唯一神を信じ、真理は一つとして異端を排し、どの時代・どの国においても、根本的な考えや信仰を変えることはありません。このために、国によっては争いや戦争も起こります。キリスト教信者が日本において人口の一パーセントという理由がここにあります。この考えは、神道とも仏教とも、そして伝統的な日本人の感覚とも違うからです。

日本仏教の今後について

現在、日本における伝統的な宗教、つまり神道も仏教も、そしてキリスト教すらも、人々の関心の視野にありません。人々が求めるのは、宗教くさくない宗教、楽しいイベント的な宗教、ご利益的な宗教、規則に細かくない宗教、温かみを感じる宗教などです。これらに伝統的な宗教が対応できていません。特にこれまで、檀家制度や氏子制度という「地域」と結びついてきた宗教は、機能が麻痺しつつあります。お寺や神社の後継者がなく、経済的にも成り立ちません。特に小さな寺や神社、また地方にある神社やお寺は、建物も人件費も維持できません。お寺や神社の個別格差は大きく広がっています。

現在の神社やお寺は、かつて国から保護されていた時代の形態のままです。実力と現状に合っていません。大きくすることに熱心であったのが、減築することに対応できていません。

仏教の場合、葬儀と法事が僧侶の仕事と財政の大半を占めていましたが、それがセレモニーホールや公園墓地に占有権を奪われつつあります。仏教が本来、説法の対象としてきた「娑婆《しゃば》世界に生きる凡夫《ぼんぷ》」に、心と時間を向ける時期です。

〈問い〉　あなたは仏教についてどんな印象をお持ちですか。どんな人や機会を通してその印象を持つようになったのか考えてみてください。私たちは、生活の中で何となく仏教に接してきたのではないでしょうか。それに対して、キリスト教とはどんな出合いがありましたか。

表2　日本の主たる仏教宗派の比較（十三宗派の中から七宗派）

宗派名と寺数	開祖	本仏	主要経典	悟り（救い）の方法・信徒数	宗派の特色
密教系 天台宗 三、三四九ヶ寺	最澄	釈迦如来仏 （釈迦牟尼仏）	法華経	•円教、密教、禅、戒律を説く •だれでもみな、修行により悟りを得られる（一乗思想） •六一万～一三六万人（信徒数には幅あり）	•あらゆる宗派を網羅する仏教（顕教と密教） •千日回峰行（七年間の苦行） •円仁、円珍、天海
密教系 真言宗 三、六一五ヶ寺	空海	大日如来仏 （毘瑠遮那仏）	大日経 金剛頂経	•三密加持（身密・口密・意密）による、即身成仏 •曼荼羅の世界観と救済 •護摩行による修行 •八七七万～九〇〇万人	•大日如来は創造の仏であり、変幻自在の仏である •胎蔵界曼荼羅と金剛界曼荼羅 •八十八か所の霊場巡り •『三教指帰』を著す
浄土系 浄土宗 七、〇八〇ヶ寺	法然	阿弥陀如来仏	無量寿経 観無量寿経 阿弥陀経	•阿弥陀仏の四十八誓願への帰依　•念仏を唱える他力の救い（称名念仏）　•諸行（雑行）を認めつつ、念仏優先 •浄土にて、悟りを開く •六〇三万人	•易行として、念仏を選択 •日課念仏の励行 •『選択本願念仏集』を著す
浄土系 浄土真宗 一九、三六九ヶ寺	親鸞	阿弥陀如来仏	無量寿経 観無量寿経 阿弥陀経	•悪人正機の教え •念仏を唱える他力の救い（称名念仏） •ただ、阿弥陀仏のみに帰依（絶対帰依） •浄土にて、悟りを開く •一、二四七万～一、五八三万人	•肉食妻帯を認める（非僧非俗） •第八代宗主の蓮如が発展の基礎を築く •絶対他力により、人間の介在を極力排除

禅系 臨済宗 三、四〇六ヶ寺	栄西	釈迦如来仏 （釈迦牟尼仏）	特に定めない （般若心経）	•只管打座（ひたすら座禅） •座禅により悟りを目指す •四八万～九六万人	•達磨の教え（教外別伝、不立文字、直指人心、見性成仏） •精進料理　•公案禅（禅問答） •茶と水墨画 •十牛図による悟りへの道 •托鉢行 •白隠禅師、雪舟、沢庵、一休
禅系 曹洞宗 一四、六九九ヶ寺	道元	釈迦如来仏 （釈迦牟尼仏）	特に定めない （般若心経）	•只管打座（ひたすら座禅） •座禅そのものに集中、結果悟る •即身是仏 •生活こそが修行である（生活禅） •一五七万人	•達磨の教え（教外別伝、不立文字、直指人心、見性成仏） •精進料理 •十牛図による悟りへの道 •『正法眼蔵』を著す •托鉢行 •良寛
法華系 日蓮宗 五、一三八ヶ寺	日蓮	釈迦如来仏 （釈迦牟尼仏）	法華経	•お題目による救済 •困難や迫害を「法華経の行者」として理解する •法華経こそ最高の経として信頼する •三四八万～三八一万人	•『立正安国論』を著し、法華経信仰の大切さを説く •現世ご利益を強調 •他宗派、他宗教を痛烈に批判 •鍋かむり日親

※このほかに十三宗派として、「奈良仏教系」の華厳宗、律宗、法相宗、「浄土系」の融通念佛宗、時宗、「禅系」の黄檗宗がある

10　儒教が与えた死者供養への影響

儒教とはどんな宗教か

儒教（儒学・儒家とも）がいつ頃から始まったのかは明確ではありません。ただ、中国で春秋時代頃に孔子などによって広まり、漢の武帝の時代の紀元前一三六年には国教となり、清の末期頃（紀元一九〇〇年初頭）まで続いたとされています。儒教の基本は、「己を修めて、人を治める」ことにあり、仁（人を愛し思いやること）、義（利欲にとらわれず、世のため人のために行動する）、礼（自分を謙虚にし、相手に敬意を払うこと）、智（偏りのない考えを持ち、知識や知恵を得て活かすこと）、信（人を欺かず、信頼を得ること）とされています。教えとして四書（論語・孟子・大学・中庸）や五経（詩経・書経・礼記・易経・春秋）などが大切にされています。

日本には、紀元五一三年頃に百済よりもたらされたとされています。当初は天皇や公家などの支配階級の教養として理解されましたが、後に奈良時代の律令制度の一環として支配階級に受け入れられます。その後、一度は衰退したものの、鎌倉時代以降に再び武士の間で受け入れられ、江戸時代には庶民の間で広まります。身分制度を前提としたそれぞれの役割・心がけとして広まっていきました。儒教は「武士道」の思想形成にも大きな役割を果たすことになります。明治維新の改革者の精神にもこの思想はまだ生きていましたが、時間の経過とともに次第に忘れられていきます。

日本で受け入れられた儒教の役割

儒教は中国から伝えられた諸制度や法律の一部として、また支配階級の教養として受け入れられました。十七条憲法や、大化の改新の律令制度にも貢献しました。このため、一部の人によって尊ばれました。武士が政権を握る頃になると、武士の精神的な支柱の役割を担っていきます。「上に立つ者の心構え」を学ぶうえで、最高の学問・教養でした。さらに儒教は庶民を支配するうえでも、「現状に甘んじさせる」のに好都合な教えでした。江戸時代の寺子屋では、『論語』が教本として用いられました。こうして、身分の高い人から低い人まで、儒教を通じて「人としての道」を学んだのです。

儒教の精神が、家庭教育でも社会のルールでも、そして自分自身のあり方にも支えとなりました。つまり、人間関係の根底に儒教の教えが据えられたのです。江戸時代には、藤原惺窩《せいか》、林羅山《らざん》、山鹿素行《やまがそこう》、伊藤仁斎《じんさい》などの儒家が活躍しました。しかし戦後の民主主義の教育に伴い、「個人の尊厳」が大切にされるようになり、集団や社会を重視する儒教は力を失いました。一般に儒教国といわれてきたのは、中国、韓国、北朝鮮、日本、そしてベトナムです。

儒教は日本の葬儀を変えた

日本では、仏式の葬儀が最も一般的です（現状、八十五パーセント以上の葬儀が仏式といわれる）。確かに、僧侶による読経、祭壇、そして焼香を見れば、だれしもそう思います。しかしよく見れば、中心は仏像（本尊）ではなく、亡くなった人の遺体です。参列者は遺体に手を合わせ、遺体との別れを惜しみ、遺体を見送ります。遺体の丁重な弔いが仏教葬儀になっています。葬儀において僧侶を通じて引導が渡され、参列者ともどもによる追善供養が執り行われます。

もし本来の仏式であれば、亡くなった人の来世はすでにその人自身の人生（生涯）によって決まっているのですから、僧侶は、追善する参列者の煩悩を取り除くために、説法をしなければなりません。しかし、読経したお経の解説は特になく、参列者の煩悩は消え去ることもありません。そして、参列者は自分の死と向き合うこともなく帰途につきます。

ご存じのように、もともと日本の伝統的な葬儀は「野辺の送り」が中心であり、僧侶は関知せず、地域の長老の指導のもとに執り行われました。つまり無宗教式だったのです。この世での人生を終えて、あの世に旅立つ人を見送り、遺された家族を慰めるのが葬儀でした。それが檀家制度の普及により、僧侶が関わる仏式となりましたが、葬儀の中身として、基本的に遺体の丁重な葬りが課題として残されました。このため、古来の葬りに儒教式と仏教式がプラスされる形で葬儀が継承されました。この方法を日本人は受容してきたのです。

儒教は日本の墓の価値を変えた

墓地が現在の形式に至るまでには、幾つかの変遷がありました。そもそもの墓は、①「墓場」と呼ばれる共同墓地でした。基本的に、墓は人里から少し離れた所に設置され、そこに遺体を運んで埋葬するのが習わしでした。②その後、お寺が中心となって墓地を作るようになっていくのは、檀家制度が重要なきっかけとなっています。家族・一族ごとの墓を持つことが広がりました。③その後、明治に墓地や埋葬に関する法律ができたことで、勝手に墓を作ることができなくなります。そして、埋葬場所が限定された関係で、家族・

一族単位で「○○家の墓」とするのが基本となります。④さらには戦後、欧米の墓地形態と核家族化の影響で、ファミリー墓と公園墓地が急速に増加します。

日本においては、はるか昔から、亡くなった家族の「霊魂」は大切に供養してきましたが、それに比べて「遺体」は雑に扱っていました。そこに、仏教の影響で丁重に葬る習慣が生まれます。この動きと連動して、儒教の教える「孝」に基づき、墓を守ることを、権力者だけでなく一般庶民に至るまで大切にするようになっていきます。

ところが、少子高齢化が進む現在、墓を守れる家族がいなくなり、「無縁仏」となる可能性が増大しています。どのように死を迎えるか、葬儀をどのようにするか、墓をどうするかが、儒教離れしている日本人の悩みの種になっているのが現実です。

儒教は日本人の生活を変えた

かつては、一人の人生はあまりに短く、しかも限られた生活範囲で、生まれた時に人生の大枠が決まるものでした。その中で、儒教は「分相応」「あるべき場」「柄に合った」人生を人々に教えました。上下関係、親子、夫婦、兄弟、男と女、人づき合いなどにおいて、「ふさわしさ」を語りました。人々は、「ふさわしい」服装、言葉遣い、暮らし向き、立ち居振る舞いに気を遣いました。このことが、戦前まで人々の生活を縛っていました。その中で人々は安心を得ていたのです。

それが戦後、一変することになります。男女平等、自己実現の追求、個人の幸せ、職業選択の自由、富と名誉の獲得、権利の主張、価値観の多様化など、かつての常識や価値観の変換が起きています。共通理解をどこに置くのか、新しい道徳や倫理観が模索されています。

〈問い〉 儒教に関する本を読んだことがありますか。もしないなら、一度、『論語』を読んでみてください。感銘する言葉や違和感を覚える言葉に出合うと思います。私たちは親や周囲の人々から、無意識のうちに儒教の教えを学んでいます。聖書との比較も可能です。

11　修験道が仏教と神道をつないだ

神仏習合の陰の功労者

修験道《しゅげんどう》とは、山林での修行によって霊験を修めていこうとする山岳信仰の宗教で、その修行者は修験者と呼ばれます。また、神々の臨在する山で一定期間（夏の時期）生活することから、敬意をこめて山伏《やまぶし》とも称します。聖なる火を焚《た》き、占いもすることから、聖《ひじり》とも呼ばれました。ほかにも行者《ぎょうじゃ》と呼ばれたりもします。日本ではもともと山を聖地としてあがめ、入山を控えてきましたが、仏教や道教が影響して次第に入山するようになりました。

修験道は、古来の神道信仰に新しく入って来た仏教の修行を加えることで、この二つを融合させていく役割を果たすようになり、また人々に二つの信仰を語ることで、人々から重宝される存在へと高められていきます。そのような動きは、すでに六〇〇年代には始まっていました。まだ修験道が始まった当時、仏教は庶民の宗教ではなく、支配者や豪族、武士の宗教であったため、庶民に信仰されるまでに時間が必要でした。寺院には自らが出向く必要がありましたが、修験者は自分たちのところに来てくれる便利さがありました。

修験道の歴史

修験道は、奈良時代に始まり平安時代から室町時代に全盛期を迎えました。しかし、江戸時代には里に下りて定着することや、宮司か僧侶のどちらかになるよう選択することが求められ、活動が制限されました。さらに明治時代には、修験道は活動を中止させられるという迫害を受けます。戦後再び活動を始めましたが、指導者不足や支持基盤を再構築することが必要となり、それまでの宗教界への貢献が大きかったにもかかわらず、現在もまだ小さい勢力にとどまっています。

奈良時代の有力な指導者として、大和国の葛城山《かつらぎ》（奈良と大阪の境）を中心に活動した役小角《えんのおずぬ》、加賀国の白山（石川、岐阜、福井にまたがる）を中心に活動した泰澄《たいちょう》、英彦山《ひこ》（福岡と大分にまたがる）を中心に活動した善正《ぜんしょう》が有名です。泰澄と善正は、もともと僧侶であったといわれます。平安時代は、天台宗や真言宗とのつながりを深め、そこから派閥が生まれました。

鎌倉時代になると、熊野山や羽黒山や英彦山で修業した修験者が集団化していきます。そして室町時代には、修験道の派閥として、聖護院（京都）を本寺とする本山派（天台宗系）と、吉野（奈良）を中心とする当山派（真言宗系）が形成され、文学や芸能、美術に影響を与えます。しかし江戸時代からは里に縛られ、加持祈禱や調伏《ちょうぶく》、憑《つ》きもの落としなどを行い、講《こう》を組織して富士講や木曾講を作ることで必死に信仰を守っていくことになります。

修験道の信仰の特色とは

①修験道の信仰の特色は、山、行、火、術という言葉で表現できます。本来、日本人にとって山は畏れ多い信仰の対象でした。それが仏教の影響を受け、次第に聖なる山を修行の場と見なすように変化します。命をかけた難行苦行に耐え、「即身成仏《そくしんじょうぶつ》」を願って荒行に挑みました。火を用いて心身を清め、陰陽道も学んで呪術や巫術《ふじゅつ》や占術も会得しました。次第にカリスマ的な立場に立つようになり、人々の信頼を得ていきました。彼らの崇拝対象は、神々にとどまらず、大日如来《だいにちにょらい》、蔵王権現《ざおうごんげん》、不動明王《ふどうみょうおう》をも大切に信仰しました。つまり、神仏習合でした。

②代受苦《だいじゅく》と代垢離《だいごり》の行者という特色があります。キリシタン時代の宣教師の報告による

と、人々の罪を負って死んだキリストと似た、人々に代わって苦しみや願い事を負う修験者がいたということです。この考えはすでに平安時代にはあったと思われ、生者や死者のために高野山などに巡礼をすること、信者の過去の罪を償うために善行を積むことなどを、信者の代わりに行っていました。それは、信者を助けながら自分も善行を積むことで、その人の成仏を願ったからです。時には無理をしすぎて死ぬこともあったようで、僧尼令で過度の行為を禁じています。修験道は山と里を往来しながら自分を高めると同時に、信徒の期待にも応える度量を持っていました。仏教と神道と陰陽道をも含めて里でなされる布教は、日ごとの生活に追われる庶民にとってありがたいものでした。

なぜ修験道は目立たなくなってしまったのか

修験道は、きわめて日本的な宗教です。仏教が伝えられた他の国々でも、修験道のような宗教はありません。しかも、その歴史において「神仏習合」の立役者・功労者にまず挙げられてよい宗教です。神道と仏教という旗色の違う宗教を、「本地垂迹説」の論理に基づいて一つにするという接着剤の役割を果たしました。にもかかわらず、この国が修験道に与えた報いはひどいものでした。

修験道は、江戸時代の檀家制度から明治の天皇制に基づく神道施策の犠牲者となって、苦渋を味わいました。仏教と神道のミックスこそが特質であったのに、それが災いしてどちらからも拒否される待遇を受けました。江戸時代から太平洋戦争終了時までの期間は、数多くの宗教が幕府や政府から排斥されたり、迫害を受けたりしましたが、修験道は三百年以上にわたって苦難の道を歩みました。

やっと自由に修験道としての活動を再開できたのは、戦後のことです。この間、世の中は変化しました。神道や仏教から「新宗教」と呼ばれるジャンルの新しい宗教が生まれ、修験道のライバルが多く存在するようになりました。修験道の指導者や信者は少なくなっており、その中での再スタートです。現在の信徒数は推計十万人、教師は四百人余りです。春の山開きの時などに修験道の指導者や信者が山に入って行く様子をテレビで放送することがありますが、街中で見かけることはありません。前途多難な歩みを続けています。

修験道は日本的な宗教

修験道は「日本的でユニーク」な宗教です。仏教でもあり神道でもあります。どちらにも分けられない、それが修験道です。「神も仏もみな一緒」と教える宗教です。もし修験道について知りたいと思ったら、インターネットで検索するか、大きな書店の宗教関係のコーナーで関連書籍を探すことができるでしょう。テレビの時代劇などで山伏姿の修験者を見ることはあるでしょうが、普段の生活で出会える機会はまずありません。

〈問い〉修験道の信仰は、日本特有の信仰です。本やインターネットで調べるなどして、個人や、サークル学習の機会に学んでみてください。

12　カトリック教会による日本宣教

日本への宣教のきっかけ

キリスト教が日本に初めて伝えられたのは、一五四九年八月のことです。ポルトガル人宣教師ザビエルが、ヤジロウとともに鹿児島を訪問したときとされています。一四〇〇年代後半にポルトガルやスペインは、海路を開拓して世界進出を進めていました。リスクとともに莫大な利益を生む試みでした。彼らはアフリカやアジア、アメリカにまで船を向けました。そうした中で、日本もその対象に入れられました。大型船の建造技術、羅針盤や海路や季節風の利用などがこの時期に進歩しました。遭難の危険はあっても陸路よりもはるかに速く、荷物も大量に運ぶことができます。

加えて、ヨーロッパで起こった一五一七年の宗教改革は、カトリック教会の伝道意欲に火をつけました。ヨーロッパで失われていく影響力を回復するのに、海外進出は魅力的でした。かつて、初代教会の使徒や伝道者たちは、イスラエルに始まってローマ帝国の主な都市に宣教しました。その後、迫害を経て、三〇〇年代から再び宣教を開始したものの、ヨーロッパ各地に広まるのに、一〇〇〇年頃までかかりました。それが、宗教改革の後はわずか五十年ほどでキリスト教が日本に届いたのです。驚くべき速さです。もし宗教改革がなければ、キリスト教が日本に届くのはいつになっていたことでしょう。これに対して、プロテスタント教会は三百年ほど遅れて日本に到着しました。海外宣教体制がすぐには整わなかったのでしょう。

宣教師ザビエルは、母国を出てインドのゴアに向かったとき、当初は日本宣教を考えていませんでした。ゴアでの宣教の中で東アジアの宣教に関心を持ち、マラッカでヤジロウに出会ったことが日本宣教の夢を抱くきっかけとなりました。ザビエル自身の日本での宣教は二年にも満ちませんでした。実際に日本宣教を実施したのは他の宣教師たちでした。

ザビエルと宣教師たちの日本宣教方針

ザビエルは日本宣教に際し、二つの願いを持って上陸したとされています。一つは、日本の国王に会ってキリスト教の宣教の許可を得ること。権力者の許可があれば、宣教はスムーズに運びます。もう一つは、日本の大学（学問の拠点）で討論し、日本の宗教の情報を得ること。そうすることで、日本人にどう宣教すればよいかを探りたいと考えたのです。しかしこの願いは二つともかないませんでした。時の将軍、足利義輝は京都を離れていて謁見できず、また仏教は外部との宗教論争を禁じていたからです。ザビエルは短い日本宣教の中で、日本への宣教を進展させるためには、中国での宣教を優先させる必要を感じました。しかし、その準備のさなかに病死します。

遺志を受け継いだ宣教師たちは、それから一六〇〇年代の初めまでの約六十年間、生命をかけて日本宣教に邁進しました。宣教のために日本人の指導者を養成するセミナリオ（神学校）を設立し、病院を建て、身寄りのない人の施設も造りました。また、印刷機を船で運んで来て、日本で伝道文書や信仰の手引書を印刷しました。こうしたことも宣教の助けとなりました。

一六一四年の全国的なキリシタン禁教令によって指導者を失った日本の信徒は、迫害の中で、ある者は棄教し、ある者は殉教を遂げ、ある者は隠れキリシタンとなって生き続けました。キリシタンと呼ばれた時代に、どのくらいの信者がいたかは不明です。なぜなら、日本にその記録が残されていないからです。禁教となったキリスト教徒の数字を残すことや、殉教者の数を残すことはありえないことでした。一般に挙げられる数字は、宣教師たちの宣教報告の記録が根拠となっています。関連する本を参考にすると三十万人から四十万人という数字が多く見られますが、七十万人という数字も見受けられます。殉教者の数字も曖昧です。ただ社会的な影響が非常に大きかったことは、弾圧の事実を見れば明らかでしょう。

なぜ、キリシタンは短期間に増えたのか

なぜ一五〇〇年代中頃から一六〇〇年代にかけてという短期間に、多くの人がキリスト教信仰に導かれたのでしょうか。実際に宣教活動ができたのは、そのうちの六十年間ほどです。私たちが暮らす今日を考えるならば、明治から現在までの百七十年をかけて、多くの宣教師の奉仕と祈りと資金をつぎ込んでも、キリスト教の信者数はカトリックとプロテスタントを合わせても百万人ほどであり、それは日本人口の一パーセントに及びません。会社ならとっくに倒産しています。キリシタン時代の宣教が進んだことの理由を多くの学者が推測していますので、よく挙げられる理由を幾つか紹介しましょう。

第一に、キリシタンの時代はちょうど戦国時代で、人々は死への恐れを抱き、安心を求めていたということです。戦国の世であったために仏教も神道も打撃を受けており、人々の必要に応えることのできない状態にあったといわれます。タイミングとして良い時に、キリスト教は宣教ができたという理由です。

第二に、この当時のキリスト教の教えは、「来世での幸せ」を約束してくれる希望に魅力があったとされます。カトリックのマリア信仰は、ちょうど観音信仰と重なる面を持っていたのも受け入れやすく作用したのではないかと考えられます。

第三に、キリシタン宣教は、ポルトガルやスペインとの貿易とセットになっていたため、領主にとって宣教師は魅力ある来訪者と映り、貿易の利益のためにキリスト教の宣教も認めたことが有利に働いたと考えられます。領主の中には、キリシタン大名になってまで利益を得ることを求めた者たちもいました。この時代は領主がキリスト教に改宗すれば、領民までもがキリシタンになる集団改宗が起こっていました。家族においても、家長が改宗すると、一家が信仰に入りました。今の日本とは状況が違います。

織田、豊臣、徳川のキリシタン対応

ザビエルの来日によってキリスト教が紹介された時代、各有力武将によって天下取りが行われていました。このため、宣教師たちは宣教を行う地域の武将に宣教許可を求めました。まずその中で有力だったのが織田信長でした。信長はこの当時、仏教と結びついた武将と戦をしていましたので、宗教勢力を弱めるためにも、また最先端の武器を手に入れるためにもキリシタンの宣教を寛大に扱いました。併せて海外の情報も手にすることができました。しかし無念にも、天下統一の直前に死を迎えました。

後継者となった豊臣秀吉は、初めはキリシタンに対して寛大に接していました。ポルトガルなどのもたらす武器や貿易の利益が魅力的であったことや、朝鮮半島や中国を攻めるときに必要な大型船の入手の計画もあって、曖昧な態度をとっていたのです。しかし、宣教師の指導によって寺院や神社の取りつぶしが起こってきたことや、長崎の茂木の土地を、藩主からの寄進を受けてイエズス会が受理していたことが事後に発覚したことなどから、秀吉はキリシタンを警戒するようになっていきます。そしてついに、一五八七年に伴天連《ばてれん》追放令を出して宣教師を国外追放し、九七年には二十六人のキリシタンを磔《はりつけ》の刑に処しました。しかし、この段階でもキリシタンの数は増加し続けました。

秀吉が追放令を発令するに先立って出した詰問状に、次のような質問がありました。①この国は神々の国であり、キリシタンの国の悪魔の教えを説くのはなぜか。これは、はなはだしい悪行である。②キリシタンの宗派に民を改宗させ、寺社を破壊している。この地は天下の君の国であり、秩序を乱し、騒ぎを起こすことは処罰に値する。③キリシタンの指導者たちが日本の教えを破壊するのであれば、二十日以内に自国に帰るべきである、といったことです。

秀吉亡き後、徳川家康が天下を掌握しました。家康もまた、政権設立当初からキリシタンを弾圧していたわけではありませんでした。キリシタンに対して仏教や神道との共存を望んでおり、貿易による利益は捨てがたい魅力でした。しかし、一六一四年にキリシタン禁教令、一六一六年に秀忠が伴天連宗門御制禁奉書を発布し、弾圧を全国規模で繰り返すようになります。踏絵が導入されたのは、一六二九年のことです。

なぜ徳川幕府は、キリシタンを迫害したのか

最終的に徳川政権は、キリシタン弾圧に踏み切りました。なぜそうなったのか。幾つかの理由が提示されています。

第一に、宣教師の指導によって、キリシタンは神社仏閣を破壊しました。このことは、これまで神道と仏教が異なる宗教でありつつも、互いに共存を図ってきたことを根底から否定することになりました。こうしたキリシタンの姿勢は、幕府や諸侯に警戒心を抱かせ、増え続けるキリシタンへの嫌悪感を増幅させました。

第二に、キリスト教の説く教えは、この当時の神道や仏教の考えと異なり、また徳川幕府にとっても許容範囲を超えるものでした。その教えとは、唯一の神への信仰と多神教への非許容性です。また、神の前での平等思想は幕府の目指す身分秩序への否定であり、キリシタンの団結力も脅威に感じられるものでした。

第三に、ポルトガル、スペイン、オランダ、イギリスなどが貿易の利権の関係で対立する状況を見て、やがて日本も利権争いの対象とされ、他のアジア諸国のように植民地化されるのではとの恐れが、キリシタンの追放や迫害につながっていったということもいえます。

こうした理由を考えると、キリスト教の宣教姿勢や強欲なやり方に、日本人が心を閉ざした理由の一面があると気づかされます。

〈問い〉　異教の宗教や文化に対する考えは、キリシタンの時代と現在のカトリック教会では違っています。それは、一九六二年から六五年にかけて開かれた第二バチカン公会議の結果が非常に大きな影響を与えているといわれています。この会議には、キリスト教の他教派だけでなく、他宗教の人もオブザーバーとして招かれました。会議では、他宗教との共存や対話がテーマとなりました。他宗教に対する考えがどのように変化したのかを考えてみてください。

13　檀家制度がもたらした様々な影響

檀家制度とは何か

檀家とは、寺院や僧侶を援助する庇護者を意味しています。別の言い方をすれば、寺院や僧侶への布施をする人のことで、梵語《ぼんご》（サンスクリット）の「ダーナ」（「施す」の意）の音写に由来します。檀家制度とは、江戸幕府が宗教統制政策のためにつくった制度で、有力な武士、公家、裕福な人などが、寺院の財政を支え、必要に応じて協力するというものでした。

しかし、江戸時代の檀家制度における檀家とは、強い権限を持った寺院に支配される人たちというのが実情でした。一度決定された檀家寺を途中で変更することは認められず、不満がたまる要因となりました。このため、明治政府が檀家制度を終わらせて神仏分離令が発布されると、寺院への破壊や略奪、放火が横行し、「廃仏毀釈」と呼ばれる事態が起こりました。二百年以上の長い間、寺院や僧侶の横暴に苦しんできた人々が、怒りを爆発させて起こした事件が各地で発生しました。

檀家制度は、寺院が檀家たる人々を教え導くという本来の務めを逸脱し、支配する結果となって、仏教不信の結果を招きました。

江戸幕府はなぜ檀家制度を定めたのか

幕府が檀家制度を定めたのには、幾つかの理由が考えられます。

第一に、宗教勢力の抑制です。戦国時代の熾烈《しれつ》な争いの最後に勝ち残った徳川家は、宗教勢力が有力武将と結びついたときの強さ・怖さを経験しました。いかにしてそれを抑え込むか、それが徳川幕府の大きな課題でした。少し話がそれますが、当時、宗教勢力として最も厄介だったのはキリシタンです。キリシタンの背後にはヨーロッパ勢力がついています。ヨーロッパの国々はアジア地域において植民地化政策を進めていましたので、日本がそれに巻き込まれないためにキリシタンを排除したい思いが徳川幕府にはありました。また、豊臣方にはキリシタンが多く、それも排除する必要がありました。しかもキリシタンは仏教や神道とも争いを起こしていましたので、処分が必要でした。

第二に、軍事力で諸藩を従えるだけでなく、人心を掌握するためには、幕府管理下での宗教の活用が必要と判断したことです。このため、仏教と神道の中からそれぞれ十三の宗派・系統を選び、保護を約束すると同時に服従を求めました。幕府は各宗派の寺院を本寺と末寺という関係に置き、「本末制度」と呼ばれる命令系統をつくって、「寺社奉行」のもとに管理する制度を設けました。同時に「寺請《てらうけ》制度」を設けて、現在の市民課のような機能を与え、出生・死亡の管理、手形の発行、葬儀の管理までも末寺に行わせました。このようにして、諸藩の人口把握が可能となり、年貢の取り立てや継続的なキリシタンの取り締まりも可能となったのです。

全国の寺院や神社を取り締まるために、諸藩に寺社奉行が配置されます。寺院や神社の改築許可や、僧侶や宮司の統制も行いました。檀家制度が確立した一八六〇年頃以降は、新設の寺院や神社の許可は与えられませんでした。それは、宗教勢力の増大と財政負担を抑える目的があったためです。

檀家制度が仏教にもたらした恩恵

江戸幕府による檀家制度の導入は、仏教側に恩恵と課題をもたらしました。まず、檀家制度の貢献について述べましょう。

第一に、檀家制度によって、日本の隅々の至る地域に、仏教の影響力が増しました。本来は布教活動によって教義が広がり、門徒が増えていくものです。ところが、幕府が絶対的な力をもって支援してくれたことによって、労せずして門徒を獲得することになりました。寺院の運営は安定しました。

江戸時代に仏教各宗派は、飛躍的に力を持つようになります。それが最も顕著だったのが、浄土真宗と禅系の曹洞宗でした。しかし、これと同時に寺院は、幕府の意向に従って檀家を管理する手伝いをさせられることになりました。寺院は寺社奉行の管理下に置かれました。つまり、世俗的な権威のもとに宗教が支配されることになったのです。

第二に、檀家制度は、檀家の各家庭の葬儀や法事、そして墓地に深く関わることになりました。それ以前は、葬儀は地域の長老の世話のもとで、互いに助け合って行われていました。檀家制度以降は、僧侶が立ち合うことが必須となります。それがやがて法事につながり、さらに墓地にまでつながりました。

こうした経過を経て、「死と供養」をつかさどる権限を寺院は手にするに至ります。檀家制度のもと、寺院が檀家を対象に仏教の教化を図ればよかったのですが、寺院も檀家もそのことには積極的ではありませんでした。なぜなら、檀家制度は幕府の意向・都合でもたらされたからです。

檀家制度が生んだ仏教の課題

檀家制度の導入により、仏教信仰に次のような変化と課題が生じました。

第一に、仏教を信じるか否かは「個人の選択」でしたが、檀家制度によって「家族単位」で仏教が選択されることになりました。つまり、個人の思いとは別に、家族の信仰として檀家寺（宗派）が選ばれることになりました。

第二に、内面的な信仰（帰依《きえ》）としての宗教から、儀礼（葬儀や供養）としての仏教へと変化していきました。つまり、形式的な儀式が大切にされたということです。お勤めを果たすといった感覚になったということです。

第三に、檀家制度は、キリシタン弾圧と関連していたため、キリスト教に対する偏見や警戒心を生むことになりました。このことは明治以降にも残り、敗戦後まで続くことになります。

第四に、檀家制度は葬儀や法事や墓地に関して寺院の役割を強くし、後に「葬式仏教」と称される偏った仏教のイメージをつくることとなりました。また、幕府の権力のもとで門徒を支配する寺院に対し、多くの民衆が強い不満を持つようになりました。表面的には従うものの、内心は反発するという、思わぬ仏教離れを招いたのです。

第五に、檀家制度は各家庭に「仏壇」（小さな寺）を持ち込むことになり、寺院に行かずとも仏壇で拝み、供養すればよいとの風潮を生みだすこととなりました。人々の寺院離れを促進してしまったわけです。

第六に、檀家制度は仏教が持っていた布教へのエネルギーを削いでしまいました。経済的な安定と、門徒が檀家として寺院を支えていることからくる怠慢によって、「生きている生身の人間」を忘れてしまう失態を犯しました。今もなお、この構図とジレンマから抜け出せていない寺院が多くあります。

仏教のこれから

現在、全国に約七万七千の寺院があります。このうち九十パーセントほどは、室町時代の一四〇〇年代半ばから江戸時代の一六〇〇年代半ばに建立された寺院です。そして現在、多くの寺院が経済的な困難に直面しています。特に地方の町村の寺院や、檀家の少ない規模の小さな寺院などです。都市部の寺院は、他の事業を営むことで運営を維持しています。観光寺や祈願寺や規模の大きい寺は、葬儀や法事に依存せず、運営が安定しています。だからといって、同じ宗派間において、支援体制が取れているわけではありません。それには寺院の世襲制がネックとなっています。寺院は、歴史ある地域性を生かして、檀家をはじめとする「生身の人間」への働きかけを取り戻す必要に迫られています。

〈問い〉　檀家制度は、寺院にとって当初は益と考えられていましたが、問題が多く残りました。他方、キリスト教が広く伝わっている国々でも同じことが起こっています。信仰は個人個人の課題であるのに、家族単位になると、名ばかりの信仰になってしまいやすいのです。檀家制度から教会が学ぶことは何だと思いますか。

14　天皇制が神道（神社）に与えた影響

天皇制への準備としての神仏分離令

二百六十年に及ぶ江戸幕府の支配に代わり、明治維新を成し遂げた人々は、天皇を中心とした新しい国家体制をつくることを目指しました。その一環として、仏教による檀家制度を排斥し、天皇制を確立するために神道を国家護持しようと計画を立てます。このために、神仏混淆（習合）の状態にあった神道と仏教を分離する政策を実行します（一八六八年）。特に、神社の中から仏教的な要素を取り除くことに力を注ぎました。背景に江戸時代の国学者によって唱えられた復古神道の理念が働いていました。

しかしその結果、長く檀家制度のもとで不満を持っていた人々によって「廃仏毀釈」と呼ばれる運動が起こり、寺院への略奪や放火などが行われました。政府は慌てて鎮静化を図りますが、一方でこのことは、仏教の影響力を弱め、神道を前面に押し出すのに、政府にとっては好都合という一面もありました。現在は、神社よりもお寺の中に神仏混淆の状態を見ることができます。

神社の統廃合がもたらしたもの

この当時、全国に大小の神社が十九万社ほど存在していました。天皇制のもとで神社の整理統合を図った明治政府は、それまで長い間にわたって地域の暮らしに根ざし、人々を支えてきた神社の合祀を図りました。官幣社《かんぺいしゃ》（一部、別格官幣社）、国弊社、府県社、郷社、村社、そして無格社の六区分が定められ、①どんな神が祀られているか、②その神社の歴史はどれほどか、③その規模はどれほどか等によって格付けされました。小さい神社は、近くのもう少し大きい神社に合祀されました。その結果、明治四十一年には約十一万社に整理されました。つまり、八万社（四十二パーセント）が合祀されたということです。あまりにも身勝手で、地域の人々の思いや暮らしを無視する政策でした。

神社は単なる宗教施設ではありません。神社を中心とした地域の人たちの精神的、また生活上のかなめの役割を負っていました。昔の農業は共同作業が基本であり、苦しいときもうれしいときも助け合い、分かち合うことで成り立っていました。その中心が地域の神社でした。現在の自治会館や福祉会館などは、到底比較になりません。地域の連帯の崩壊は、すでにこの時から始まっていたのです。

日本民俗学の始まり

明治政府は新しい国づくりのお手本を、これまでの中国や朝鮮半島から欧米へと変更し、定めました。そして、日本人が長い間をかけて築き上げてきた伝統や文化、宗教や生活様式を一挙に「欧米化」しようと加速させました。その一環が、天皇制樹立の準備としての「神社の統廃合」だったのです。

このことに危機感を持って異論を唱えたのが、柳田國男、折口信夫、竹田聴洲《ちょうしゅう》、南方熊楠、和歌森太郎、渋沢敬三などの「民俗学者」と呼ばれる人々でした。彼らは一九〇〇年頃から、全国の地域の日常生活（衣食住）に関する調査、言い伝えや伝統、伝承、人生儀礼や年中行事、冠婚葬祭、生産活動に用いた工具や道具に至るあらゆることを聞き取り調査しました。工具や道具や日用品はやがて「民俗博物館」に収蔵され、展示されることになります。こうした地道な調査研究の成果が、日本民俗学として形を成します。民俗学は「日本人のルーツ」を探るものです。民俗宗教学はその成果の一部分です。

天皇制が神道（神社）に与えた影響とは

明治以降の天皇制は、経済発展と富国強兵化の中で、やがて東アジア地域への侵略行為へと進んでいきました。神社はこの流れに組み込まれていきます。神道だけでなく仏教もキリスト教も新宗教も、宗教を挙げて挙国一致体制に協力することになりました。軍事国家への道をだれも止められませんでした。

その中で神道（神社）は、国が言う「宗教ではなく、国民の当然の行為」として位置づけられ、天皇を敬い拝むことも国民の義務とされていきました。この論理・説明がおかしいことは、多くの人が内心わかっていましたが、口に出すことははばかられました。逆らうことは「非国民」として非難されることでした。天皇自身が神社参拝を求めていたわけではありません。しかし、天皇自身もノーと言える状況にはなかったのです。

アジアを侵略した日本は、その国の人たち（台湾・朝鮮半島・満州）にも神社参拝を求めました。それにより、天皇崇拝を浸透させようとしたのです。こうした行為は戦後、神道や神社への信頼を大きく傷つけることになりました。神道（神社）は戦争協力をした宗教として、GHQから位置づけられたのです。多くの人が神道や神社と心理的距離を取ることになります。

神道は何を得て、何を失ったか

天皇制に基づく神道政策によって、神道は日本にどんな恩恵や影響を与えたのでしょうか。短期的には約百年間、日本のすべての人たちが神社参拝を行い、まさに「神国日本」の様相を呈することになりました。国が望んだ挙国一致体制の外見をつくり上げたのです。しかし冷静に、影響力の観点から見れば、次のことが言えます。

第一に、もともとあった神道との深いつながりの中で、地域の「氏子制度」が確立し、神棚が各家庭に普及することになりました。仏壇に手を合わせるのと同じように、神棚にも手を合わせる習慣が定着しました。

第二に、皇室を敬うことと神社を参拝することが、一つに結びつくことになりました。各家庭には、御真影《ごしんえい》と呼ばれる天皇の写真や皇室の写真が飾られました。

第三に、靖国神社や護国神社、伊勢神宮への親近感と、それらを敬う心が一層強くなりました。特に戦死者のいる家族にとって、靖国神社は特別な存在となりました。

一方で、神道や神社は失うものがありました。それは何といっても、戦争協力をしたという汚名でしょう。もともと神道はおおらかな宗教です。争いを自ら求める体質は弱い宗教です。しかし、この時期は天皇制のもとで、国の方針に合わせてしまいました。神道の長い歴史の中で、明治から戦後までの百年間は、異常・異様な期間でした。

現在、お正月や特別の時はにぎわう神社も、普段は参拝する人も少なく、着実に影響力が衰退しています。地域を動員しての祭りが開けなくなったところも増えています。人口の減少、地域のつながりの希薄化、自然環境の消失、宗教離れの加速などが、神道（神社）の前途に影を落としています。

〈問い〉戦後の戦争責任を問うた「東京裁判」において、結論的には、天皇の戦争責任は問われませんでした。なぜ問わなかったのか、また天皇に責任はあるのかについて考えてみてください。アメリカや、日本と戦争したアジアの諸国は、天皇を東京裁判にかけることを求めていました。一方、日本の市民は望まない人が多くいました。

15　教会の苦悩――天皇制と信仰の間で

キリスト教の再来日状況

江戸時代末期、宣教師が再び日本宣教を目指して来日しました。きっかけは、日本が鎖国をやめて開国し、貿易港を設けたことです。まず一八四六年に沖縄に来日し、続けて貿易のために開港した居留地に、一八五九年に宣教師が上陸しました。その当時はまだキリスト教は禁教でしたが、一八六八年に明治政府が樹立され、その後一八七三年に禁教の高札が撤去されました。キリシタンの時代と違って、この時期の宣教は、カトリックもプロテスタントもロシア正教も、ほぼ同時期のスタートとなりました。

明治政府は天皇を中心とした国家体制づくりを目指し、仏教を排して神道を国家の宗教として位置づけました。その後、大日本帝国憲法が制定されて、神道の地位は高まりました。明治政府は欧米諸国に追いつくために、富国強兵と経済発展の政策を基本に据えます。

このため、次第にアジア地域への侵略が実行されていきました。明治以降、日本は日清戦争、台湾出兵、義和団事件、日露戦争、第一次世界大戦、済南事件、満州事変、日中戦争、そして第二次世界大戦と、武力によるアジア侵略を進めました。このために国内の世論をまとめる必要があり、宗教はその道具として重宝されます。

明治時代以降、キリスト教は少しずつ信者を増やしていきますが、それまでの禁教政策による警戒感やキリスト教への違和感が影響して、ゆっくりの増加でした。しかし、青少年教育や福祉の面での功績と信頼は大きいものでした。特に女子教育での貢献と、障害者や身寄りのない人たちへの働きは、日本社会において信頼を得る働きでした。やがて信仰面で重要課題となっていったのが、「天皇制とキリスト者の信仰・愛国心」の問題でした。

天皇とキリスト

「天皇が偉いか、キリストが偉いか」。この問いかけは、キリスト信者に向けられた、その当時の権力者からの圧力でした。求められた答えは、「天皇が偉い」ということです。そうでないと、地域社会から非国民と見なされ、陰に陽に嫌がらせを家族みんなが受けることになりました。教会の場合、天皇制に従うこと、神社参拝をすることによって、閉鎖を免れることができました。ただこの問いかけは、教会とキリスト者だけでなく、仏教徒や新宗教の信者にも同様に向けられたものでした。愛国心と信仰のどちらを優先すればよいのかという課題でした。

一九一二年に、神道と仏教とキリスト教の代表者が国に招かれ、後に「三教会同」と呼ばれる集まりが開かれました。内容は、皇運の扶翼と国運の伸張のために、三教に協力してほしいということでした。キリスト教界は喜びました。なぜならこれまで、日本においてキリスト教は疎まれ、さげすまれていると感じ、居場所を見つけることに苦労していたからです。しかしこのことは、やがて宗教全体を巻き込み、天皇制への協力を求められるきっかけとなっていきます。

やがて、「神道は、もともと日本古来の習慣なのだから、キリスト教や仏教などの信者であっても、神社への参拝は当然のことだ」と言われるようになっていきました。「神道は宗教ではない」「神社に参拝することは、それぞれの宗教に反する行為ではない」と語られ始めました。キリスト者にとって、「天皇とキリスト」のどちらかではなく、どちらも大切だと求められたのです。こうしたことは、旧約聖書において、イスラエル人がアッシリア帝国やバビロニア帝国に捕囚された時に経験したことであり、新約聖書のローマ帝国時代に、キリスト者が皇帝崇拝を求められたこととよく似ています。明治から昭和初期のキリスト者は、「天皇が偉いか、キリストが偉いか」との課題を突きつけられながら、

「日本を愛することとキリストを愛すること」の間で苦悩したのです。

天皇制とは何か

天皇の起源は古く、神話では紀元前六〇〇年頃の神武天皇に始まります。歴史においては、紀元五〇〇年代に求めることができます。

中国の歴史書『漢書』には、紀元前二世紀頃、倭人の国が百余国に分かれていたことが記されています。その後、三世紀頃にはヤマタイ（邪馬台）国が大きくなっていたこと、五世紀初めにはヤマト国が九州から関東に至るまでを支配していたことが記されています。この時代の支配者をオオキミとかスメラミコトと呼んでいたようです。紀元六〇〇年頃には、「天皇」という称号が用いられていました。

飛鳥時代、奈良時代、平安時代には、天皇と公家と一部の有力武将による国家運営が行われていました。しかし、鎌倉時代、室町時代、そして戦国時代と江戸時代には、実権は武士が握るようになりました。この間、天皇は名誉を与える役割が主で、権力の場から遠ざけられていました。しかしついに、江戸幕府の大政奉還によって、再び天皇が国家の中心に立つ時代がきました。

天皇制の特色は、「君臨すれども統治せず」という立場を基本としていたことにあります。天皇は専属の軍隊を持たず、周囲の諸侯を用いました。そのことが、天皇制が継続できた大きな理由でした。しかし、明治以降は例外でした。

明治から戦時中まで、すべての権力・決定権は天皇に集約されました。それを具体的に実行するのが内閣の人々でした。天皇は、立法、司法、行政、軍隊の最高権力者となり、「現人神《あらひとがみ》」と称されました。日本は天皇の国であり、人も物もすべて天皇に所属しました。キリスト者も天皇に所属しますので、まず天皇に従い、その後で聖書の神に従うのが筋とされたのです。キリスト者の多くは、悩んだ末に天皇と日本国に従うことで、細々と信仰を守る道を選びました。しかし、一部の教会やキリスト者は、「まずキリストに従うべき」との道を選び、周囲からの非国民非難や教会閉鎖に耐えました。実は他の宗教においても、一部の人たちは同様の道を選択したのです。

戦後の教会の再出発

戦時中の一九三九年に、「宗教団体法」という法律が制定されました。その結果、「日本基督教団」という超教派のプロテスタントの教団が一九四一年に形成されました。戦後は体制の変化や教会・教団の離脱もありましたが、現在もプロテスタント教会中最大の教団です。

戦後、宗教団体法に代わり「宗教法人法」が一九五一年に制定されました。戦後は米国を中心に、多くの宣教師が日本宣教のために来日しました。しばらくの間は教会に人があふれる状態でしたが、それは一時的なことで、人々の暮らしが落ち着くと、教会は次第に寂しくなりました。

その理由として悔やまれるのは、戦前の教会の体制が戦後も変わることなく継続されたことです。戦争に協力したことについて、ほとんどの教会と教団の責任者が責任を取らず、反省もありませんでした。日本が昔から抱える課題である、「だれも責任を取らず、だれも責任を問わない」という事態がまた起こったのです。教会は心機一転というチャンスを逃しました。戦後の教会は、もともとあったカトリック教会、日本基督教団とそこから分離したプロテスタント教会、また新たに米国やヨーロッパ、アジアから来日した宣教師によって宣教が継続されています。しかし、まだ「外国の宗教」の域を脱していません。

〈問い〉 私たちの国では不思議なことに、小さな責任は問うが、大きな責任は問いにくい傾向が今もあります。なぜだと思いますか。戦時中の教会の指導者は、戦争協力を信徒とともに推し進めました。なぜ教会は天皇崇拝と神社参拝、そして戦争協力をしてしまったのか考えてみましょう。

16　靖国神社と慰霊をどう考えるか

靖国神社の始まりとは

靖国神社は、一八六九年（明治二年）設立の招魂社と深いつながりを持ちます。招魂社は、天皇のための国事や国難で亡くなった戦死者・殉職者の霊魂を慰霊するために全国各地に設立された神社で、当初は幕末・明治維新の激動期の犠牲者が祀られました。その招魂社のうち、東京に建立されたものが、後の靖国神社となりました。同様にして、各都道府県に護国神社が創建されていきます。

現在、靖国神社に合祀された英霊は、総数二百四十六万六千柱に上ります。靖国神社の祭神は「英霊（軍神）」です。このため、戦争で亡くなったすべての人が祀られているわけではありません。「天皇のために戦って亡くなった」というのが条件です。徳川幕府方の戦死者は除外されます。その後の戦争で亡くなった人も、選ばれた人のみです。神社は全国各地に数多く存在しますが、靖国神社は特殊・特別の神社といえます。ほかに戦没者の慰霊碑としては、東京の千鳥ヶ淵戦没者墓苑や、沖縄のひめゆりの塔がよく知られています。

靖国神社国家護持とは何か

自民党は、一九六九年から五度に及び、「靖国神社国家護持法案（靖国神社法案）」を国会に上程していますが、成立には至っていません。それは、多くの問題・課題を含んでいるからです。なぜ宗教法人である靖国神社を、憲法に触れない無宗教の形で国家護持しようとしているのでしょうか。

この法案の根本にあるのは、「靖国神社に祀られている人たちは、日本のために犠牲を払って亡くなった人たちなので、慰霊するのは当然」という考えです。その犠牲によって現在の私たちの生活が守られているのだから、感謝して慰霊するのは、国民として当然のことであるという思想です。

世界の多くの国では、戦争犠牲者を祀り祈念する場所や施設を持っています。日本にもそうした、戦争犠牲者を偲《しの》び、二度と戦争をしない不戦の誓いを立てる場所を持つことは可能です。キリスト者としても、信仰的な束縛を受けない形で祈念することは賛成できます。問題は、「なぜ靖国神社なのか」ということです。憲法に抵触しないで靖国神社を国家護持するためには、宗教法人としての体裁や祭儀、職員たる宮司などの宗教色を一掃することが必要です。それは、靖国神社の誇りを捨てることになります。靖国神社国家護持法案の第五条は、「靖国神社は、特定の教義をもち、信者の教化育成をする等宗教的活動をしてはならない」という、宗教としては自死行為のような内容となっています。

靖国神社国家護持法案は、宗教活動を禁止し、いかなる宗教団体でもない特殊な存在として規定しようとしますが、それは難しいことです。靖国神社が靖国神社であるためには、「英霊顕彰」や「鎮魂」の儀式をやめるわけにいきません。春と秋の例大祭をはじめ、神道式の祭祀儀礼や大祓をやめることは職務放棄となります。神職の職名変更や鳥居などの施設の移設等も対応が必要です。どうしても靖国神社を国家護持しようとこだわるのは、靖国神社の歴史的な意義や遺族会の意向、政治的な判断によるのでしょう。

靖国神社国家護持の問題点

靖国神社はA級戦犯十四人を一九七八年に合祀しました。そのことが翌年に報道されて以来、国内だけでなく、日本との戦争によって戦死者を出したアジアの国々が抗議の声を上げ、首相や閣僚は参拝するたびに非難を受けるようになりました。靖国神社国家護持には、幾つかの課題・問題点があります。

第一に、戦争の加害者側・被害者側の感情の問題があります。戦死した日本兵の遺族の多くは、国家護持を切望します。政府は長い間それを約束してきました。しかし一方で、アジアの人たちにとっては、自分たちの家族を死に追いやった人たちを祀るのは許せないことです。特にA級戦犯はとうてい許せません。加えて国内的には、すべての戦争犠牲者を祀るのでなく、一部の選別された人たちだけというのも納得しがたいことです。

第二に、歴史認識の問題があります。特にアジアの人たちは、日本から侵略を受けたと理解します。靖国に祀られている人の中には、自分たちの国を踏みにじった人たちが英雄として祀られているわけですから、それはとても受け入れがたいことです。侵略戦争を正義の戦いとして美化することになるからです。こうしたことは国内にも同意見があり、明治以降の戦争は誤りであったと考える人も靖国神社国家護持に反対します。

第三に、宗教の問題があります。憲法上の「政教分離の原則」や「信教の自由」に照らして、靖国神社の国家護持に疑問が生じます。キリスト教会は一貫してこの法案に反対してきました。それは、明治から戦中までの国の宗教政策への疑問と、教会としての反省があるからです。教会が無謀な侵略戦争を止められず、むしろ協力してしまったことへの反省です。もし靖国神社が国家による戦死者の慰霊施設となれば、どんな方策を講じても

「神道的色彩」を取り除くことはできないでしょう。そうなればキリスト者は、戦争犠牲者への祈念の場として、また不戦の誓いを新たにする場として、喜んで出向くことはできません。宗教にこだわらない人は迷いなく参加できても、自分の宗教（信仰）を大切にしている人にとって、望ましい場とはならないのです。疑問や反対の声を控えるなら、曖昧な憲法判断で、いつの間にか慣れていくという日本的な決着となるでしょう。

新たな追悼施設か

靖国神社国家護持法案をめぐって、幾つかの意見が提案されています。一つは、自民党が進めようとする、靖国神社の宗教性をなくして国家護持するという案です。二つ目は、現在存在する千鳥ヶ淵戦没者墓苑を整備・拡充するという案です。三つ目は、これらと違う、新たな無宗教の国立施設を建設するという案です。このままでは、何ともなりません。何らかの追悼施設が必要と考える人は多くいます。問題は、靖国か千鳥ヶ淵か新たに造るかということですが、互いに譲れない状況で棚上げにされています。しかし、いずれはまた靖国神社国家護持法案が提出されてくると思われます。なぜなら為政者が最も望む方法だからです。そうなったときに、信教の自由と政教分離の課題はどうなるのでしょう。何らかの信仰を持つ人にとって、他人事ではありません。

〈問い〉　あなたは靖国神社に行ったことがありますか。行ったことがある場合、どんな印象を持ちましたか。行ったことのない方は、一度そこを訪れてみるとよいでしょう。そこで何を感じ、考えたか、教会で話してみてください。無関心は避けたいところです。戦争の犠牲者（選別された人）を心に祈念することと、神道の靖国神社をつなげることは、日本的ではあっても、公平・平等ではありません。一度、靖国神社と護国神社のことを学んでみましょう。

17　新宗教の特色と魅力は何か

新宗教とはどんな宗教か

かつてはキリスト教も新宗教であり、邪教として扱われた時代がありました。一般に新宗教と呼んでいるものは、江戸末期・明治維新の頃から始まった比較的新しい宗教を指します。戦前までは新宗教であるがゆえに、迫害と差別にさらされた教団や団体もありました。新宗教の教団や団体は、およそ三百五十から四百ほどあるといわれ、その信者や支援者は、日本の人口の二割ほどに及ぶと考えられています。新宗教には、神道系、仏教系、キリスト教系、そして諸教系と呼ばれる流れがあります。また、それぞれに特色があり、平和運動やボランティア活動、文化・芸術活動に熱心なところもあれば、政治活動に熱心なところもあります。

新宗教の特色

新宗教の特色について述べてみましょう。

① 新宗教の教祖の経歴は多様であり、宗教家の家庭に生まれた人よりも、そうでない家庭出身の普通の人が、宗教的な回心によって教祖になるケースが多い。

② 新宗教は難しい教義を重視せず、実生活に即したわかりやすい教えと、人々の生活を重視している。伝統的な神仏を崇拝するというより、教祖への信頼が重きを持つ。従来の伝統的な教えを基礎とした、教祖の独自の教えが人々の心をとらえる。

③ 布教活動は専門家でない一般信徒の働きが大きく、伝統・儀式中心というより、日常生活での仲間とのつながりを重視する。このため、現世利益の色合いが濃い。

④ 新宗教は二世以降の信者が中心となっており、家族ぐるみで信仰するという特色がある。教育にも熱心である。

⑤ 信者になる人は、中高年ではなく、地域や社会とつながりの薄い若い世代の人が多い。

新宗教が人を引きつける魅力

なぜ新宗教は、人々の「宗教的飢え渇き」を引きつけることができるのでしょうか。その理由を幾つか挙げてみます。

①　既成の宗教である神道・仏教・キリスト教は、これまでの伝統や儀式に縛られ、それに依存しているため、今現在の信徒を保持することに手いっぱいの状況です。しかも確実に信徒は、高齢化や、地域の関係性の希薄化によって活動力を失っています。加えて、指導者不足や経済的な面で、現状維持も難しい状況にあります（無住の神社や寺院が増加）。

②　こうした状況に失望した人々、不満を持った人々は、自分の要求や興味を満たしてくれる他の宗教を求めてきました。そのニーズに応えたのが、新しい宗教としての「新宗教」でした。しかし現在、新宗教の中には、立正佼成会《りっしょうこうせい》や霊友会や天理教のように、衰退し始めているところもあります。それらも既成宗教化しています。

③　戦後の新宗教の特色は、緩やかな組織、楽しいイベントの開催、宗教性を強調しない、宗教指導者の布教ではなく信徒による宣伝や交流の強化を図る、といった点にあります。それが新しい人を呼び込みます。宗教には距離を取る人でも、宗教的な雰囲気は好むため、非日常的なことに引かれます。

④　新宗教の担い手は、親の世代から子どもたちの世代へと受け継がれています。行事への参加や教育により、信仰の継承が成功しているのです。既成宗教とは違う特徴です。

⑤　新宗教は、タレントや実業家や政治家などの実力者と結びつきやすく、またインターネットの活用などによって、横のつながりで興味・関心を持った人たちを引きつけていきます。信用を獲得すること、人間関係を活用することに長けています。それは既成宗教が弱い部分です。

既成宗教と新宗教の関係

新宗教は基本的に、その中心的な教理を既成の神道や仏教などの影響を受けながらも、独自の教理と特性を持って成立しています。そこで、神道系と仏教系とその他の系統に区分して説明します（一二三～一二五頁の一覧表を参照）。

1　神道系

まず神道の影響を受けている大本《おおもと》（大本教）系として、世界救世教のグループ（神慈《しんじ》秀明《しゅうめい》会）、真光《まひかり》のグループ（崇教《すうきょう》真光、世界真光文明教団）、そして「生長の家」の流れ（白光真宏会《びゃっこうしんこう》）を挙げることができます。

次に天理教系として、ほんみち、ほんぶしん、モラロジー研究所が挙げられます。分類が難しい系統として、霊波之光《れいはのひかり》も入ります。

2　仏教系

続いて仏教系を挙げます。まず法華系として、本門佛立宗《ほんもんぶつりゅう》、また霊友会のグループとして、立正佼成会、佛所護念会《ぶっしょごねん》、妙智会《みょうち》。次に日蓮正宗《にちれんしょうしゅう》系として、顕正会《けんしょう》、創価学会。密教系として、真如苑《しんにょえん》。どの系列にも入れるのが難しいものに、幸福の科学、オウム真理教（アレフ）、阿含宗《あごんしゅう》、新生佛教教団などがあります。

3　その他（キリスト教系、諸教系）

まずキリスト教系として、モルモン教、エホバの証人、世界平和統一家庭連合（統一協会）があります。

続いて諸教系として、ＰＬ教団、天照皇大神宮教《てんしょうこうたいじんぐう》、善隣教、大山ねずの命神示《みことしんじ》教会があります。

新宗教のこれから

新宗教という言葉は、既成宗教に対応する言葉です。私たちの国において、新しい宗教が海外から入って来ること（たとえば仏教やキリスト教）や、日本で生まれること（たとえば鎌倉仏教や学派神道）がかつてありました。それが明治以降に爆発的に多く生まれました。新しい宗教が受け入れられたり、生まれたりするのは、常に混乱と不安の時期でした。現在、耳慣れない宗教も多く存在しています。これからは淘汰されながら、ニーズに応えうる宗教のみが残っていくでしょう。新宗教にとっても既成の宗教にとっても、今の時代こそ正念場です。

〈問い〉 新宗教が四百団体ほどもあることは驚きですが、あなたはいくつご存じですか。あなたの生活している地域にも集会場や施設はありませんか。もしあれば、施設のホームページがあると思いますので調べてみてください。なぜ人々を引きつけるのか、それに対して既成の宗教が心を向けてもらえないのはなぜか、考える機会となります。教会が何をすればよいのか、逆に教えてもらいましょう。

表3　日本の代表的な新宗教（二〇一八年四月現在）

宗教名	創設者	創設時期	信者数	信仰の特色	信仰背景
天理教	中山　みき 中山　秀司	一八三八年十月	一二〇万～一九〇万人	•天理王命（テンリオウノミコト） •病気の癒やし •神道の信仰を継承	•真言宗 •吉田神道
大本（大本教）	出口　なお 出口王仁三郎	一八九二年頃	不明	•お筆先 •国常立尊（クニトコタチノミコト） •神道の信仰を基本とする	•金光教 •修験道
生長の家	谷口　雅春	一九二九年頃	八〇万人 ただし海外は数百万人	•神道、仏教、キリスト教などの思想を吸収 •人生の幸福の追求 •病気の癒やしや現世利益を語る •天皇崇拝	•大本
天照皇大神宮教	北村　サヨ	一九四八年頃	四八万人	•踊る宗教（神がかり） •歌説法による布教活動 •世直しを語る	•大本 •璽宇（ジウ）
立正佼成会	庭野　日敬 長沼　妙佼	一九三八年頃	一〇〇万～三〇〇万人	•法座による交流と絆 •反創価学会と他宗教との協調 •姓名判断	•霊友会から分離 •日蓮系

霊友会	西田　無学 久保角太郎 小谷　喜美	一九〇〇年頃	数十万～一四〇万人	•先祖供養の強調 •法座の開催 •インナートリップ（自分探し）	•日蓮系
創価学会	牧口常三郎 戸田　城聖 池田　大作	一九三〇年代	二五〇万～八〇〇万人	•折伏による強引な布教 •座談会による交流と協力 •他宗教とは距離をとる •現在は世界平和を強調 •公明党の支持母体	•日蓮正宗系
世界救世教	岡田　茂吉	一九五〇年頃	八〇万人	•熱海のＭＯＡ美術館 •神慈秀明会と真光系教団の母体 •手かざしによる布教	•大本
ＰＬ教団（ＰＬ＝パーフェクトリバティ〔完全なる自由〕）	御木　徳一 御木　徳近	一九四六年	九四万人	•高校野球と花火大会 •人生は芸術である •病を「みしらせ」として受けとめる	•徳光教 •御嶽教 •ひとのみち教団
真如苑	伊藤　真乗	一九三〇年代	九〇万人	•霊能者による「接心」 •宗教くささのない宗教、芸能人の信者 •イベントを多く開催し、若者を引きつける	•真言宗 •修験道

GLA（大宇宙神光会）	高橋　信次	一九六九年	約三万人	•霊言による託宣 •高橋佳子、平井和正のSF小説の影響 •講演会による活動、宗教色を出さない	•仏教とキリスト教から影響を受けた

※このほかに、①幸福の科学（一、一〇〇万人）、②顕正会（一六〇万人）、③佛所護念会（一二〇万人）、④崇教真光（八〇万人）

18　日本の宗教政策について

宗教施策の歴史

六世紀半ばに朝鮮半島から伝えられてしばらくの後、仏教は特別の期待と役割を担って受け入れられました。かつて日本には、民俗宗教から発展した神道がありました。国の権力を担っていた天皇や公家や有力な武士たちは、仏教伝来以前は、もっぱら神道を用いて国や自分たちの繁栄、病気平癒や幸せを祈願していました。その役割をやがて仏教に期待するのと引き換えに、主要寺院の建立や僧侶を養成することを率先して行いました（大宝律令の中の僧尼令。七〇一年）。こうして仏教は国家宗教の地位を確立していきます。

奈良仏教（南都六宗）と平安仏教（天台宗と真言宗）は、権力者や裕福な者たちにとって、精神的な支えとなって存在感を高めました。しかし乱世の中で、鎌倉仏教が興ったことにより、民衆が支持する仏教が力を持ち始めて、室町時代には仏教文化が花開きます。

この頃には、国家による仏教統制は機能不全状態になっていました。戦国時代には、武将たちと仏教勢力は時に対立し、時に手を結ぶことで自分たちの理想を求めるようになりました。その乱世を終わらせた徳川幕府は、宗教の統制を「檀家制度」（寺請制度）という形で実現しました。仏教も神道も、幕府の許可なしには寺一つ・神社一つさえ建立も大規模修復もできなくなりました。まさしく「宗教統制・管理」を実現しました。これが崩壊したのが、明治維新による天皇を中心とした、神社を中心に据える「国家神道」政策でした。つまり日本は長い間、仏教や神道による宗教統制を人々に対して行ってきたということです。

宗教団体法の施行の目的とは

日本政府は何度かの試みの後、一九三九年四月に「宗教団体法」を成立させました。宗教法規の整備統一を図り、宗教団体の地位を明確にし、保護と監督をすることで、国家体制下に宗教団体を置くことが目的でした。すべての宗教は、「日本臣民は安寧秩序を妨げず、臣民たる義務に背かない限りにおいて、信教の自由を有する」と、条件つきで信教の自由が認められました。

これにより、天皇制に忠実に従わない宗教団体は排除されていきます。キリスト教も天皇制に不従順な教会は閉鎖となりました。神道だけでなく仏教もキリスト教も新宗教も、国家政策に協力することが当然のこととして要求されていきました。これだけにとどまらず、言論の自由や出版の自由も制限され、戦争目的に合致しないと当局が判断した場合、出版物は削除・改訂・発売禁止の処分を受けました。宗教界は、国からの圧力によって「大日本戦時宗教報国会」を結成させられ、全面的に戦争に協力することになっていきました。

国家によるこれほどの宗教統制は、日本の歴史において経験のないことでした。江戸時代の檀家制度下においてすら、もっと融通が利きました。キリシタン弾圧や一部の藩の浄土真宗への弾圧は厳しかったものの、宗教界全体ではありませんでした。戦時体制下において、指導者は目的のために手段を選ばない手法を取ったのです。

天皇制下での宗教の役割

明治政府が維新後に江戸幕府とは違う国づくりを考えたとき、宗教政策については以前と同じ方向性を考えていました。キリスト教は禁教のままとし、歴史ある天皇を中心に据えて、精神的な権威基盤として神道を拠りどころに据えました。人心を掌握するのに宗教は役立つことを江戸幕府の施策から学んでいたのです。そこで、ほころびが出ていた仏教に替わり、天皇とのつながりが深い神道が選ばれました。当時の神道の指導者や関係者は喜んだことと思います。なぜなら、心ならずも長い間仏教のもとで支配を受け、屈辱的な思いをしていたからです。

皇室の宗教である皇室神道と、神社を中心とした神道はつながっていました。そこで明治政府は、神社を整理統合するとともに、神道を国家宗教の位置に据え、その他の宗教を国家に協力させる形（三教会同。一九一二年）で、挙国一致の国づくりを目指しました。三教会同では、神道、仏教、キリスト教の代表者が集められ、政府主導で天皇の繁栄と国の繁栄のために互いに協力するという決議がなされました。まさかこのことが、やがて国家による国内の統制とアジア侵略の精神統一に利用されることになるとは予測されませんでした。「神国日本」とか「天皇は現人神」とか「八紘一宇」といったスローガンは、今では「虚言」と理解されても、当時は説得力のある言葉だったのです。それこそが「神道」広くは「宗教」に求められた役割でした。

宗教と国家・権力は、時に争い合うものの、通常は互いに利用し合う関係にあります。「癒着」することで互いに利益を得ることは、国内外の歴史が教えてくれます。このために苦しむのは、いつも一般の人々です。

宗教法人法とは

宗教法人法は、宗教団体法に代わる法律として、GHQの指導のもと一九五一年に施行されました。この法律は、憲法で保障された「信教の自由」が守られるための法律であり、一定の要件を満たせば、宗教団体が礼拝施設を持ち、財産を所有し、これを維持運営し、規則の変更を行い、目的達成のために活動することを保障するものです。宗教法人となることで、土地建物への非課税処置や宗教活動への非課税の特典が認められ、社会的な信頼が得られると同時に、公的な場としての社会貢献も求められます。

宗教法人として認証された法人は、毎年文部科学省の宗務課に所定の報告をすることになっています。これは、各宗教法人が目的に沿った宗教活動をしているか、何かの不正・悪用をしていないか、信者の権利が守られているかなどの確認のためです。過去にオウム真理教の事件が起こったり、実際の活動をしていない休眠法人があったり、非課税特権を悪用する個人や企業があったりしたため、常に確認が必要なのです。

現在、宗教法人は、単位宗教法人数が約十八万法人あります。神道系・仏教系・キリスト教系・諸教系の信徒は日本人口を超える一億八千百万人です。教師数も六十五万七千人に上ります（『宗教年鑑』平成三十年版）。数字上では、宗教花盛りといった様相を呈していいます。しかし現実には、宗教離れが日本の歴史にないほどに進んでいます。

信教の自由の中で

私たちの国で、「信教の自由」という観点から見れば、戦後の七十年ほど信教の自由が保障された時代はありません。信じても信じなくてもよい時代です。それと同時に、今の時代ほど宗教が軽く扱われている時代もありません。まさに「神も仏も死んだ」ような時代、無用の遺物とされる時代です。人々の思いは、今の暮らしに向けられています。宗教はこのままでよいのかとの反省と、どうすれば人々の心をつかめるのかとの問いに向き合うことが求められています。

〈問い〉　あなたは過去数年以内に、信仰のことで「差別」や「不快な思い」などをしたことがありますか。もしあれば、どんなことでしたか。もしなければ、それは理解されているからでしょうか、それとも信仰の話をしていないからでしょうか。何事もないときに信仰の話はしにくいのですが、何かのイベントや集会に誘ってみることが、「今の時を活かす」ことになります。勇気を持ってチャレンジしましょう。

おわりに
——比較宗教は、自分自身とこの国を学ぶ

この国で生かされていることの意味

この国で長く生活していても、古い歴史を持つ日本の伝統や文化、習慣や宗教を学ぶ機会はあまりありません。日本の環境は当たり前のこと、自然なこととして受けとめています。このため、外国から来た人のほうが日本の文化や伝統をよく知っていたりします。私たちは習慣としてなじんでいても、その起源や意味についてまでよく考えていないことが多いのです。家族が最も身近な教師となるはずですが、家族も漠然としか理解していないのが現実で、聞かれることがあっても何となくごまかしてしまいます。異なる言語、異なる民族、異なる価値観に直面していないため、「なぜなのか」と問わずに生活しています。

宗教に限って考えてみましょう。戦前の天皇制教育の反省として、今の公立小学校、中

学校、高校では、宗教のことを教えません。社会や歴史の時間に簡単に触れるだけです。このため、仏教や神道やキリスト教の内容までは学びません。大人になっても宗教に関しては小学生のレベルです。このため、宗教を知りもしないでばかにしたり、毛嫌いしたりして近づこうとしません。神社仏閣には旅行などで訪れるだけです。そうした人が宗教に触れるのは、親や家族が亡くなったときの葬儀の場です。身近に人生を豊かなものにしてくれる宗教があるのに、その価値がわからずに通り過ぎてしまいます。

キリスト者も同様です。教会に行って聖書のことは詳しくなりますが、肝心の自分が暮らしている「この国」のことはほとんど知りません。この国で暮らしている人に、この国の文化と対抗させながらキリスト教を伝えることは説得力がありません。キリスト者は、聖書とこの国のことを学ぶ必要があります。

比較宗教で、自分の内面を知り、この国も理解する

比較宗教を学ぶ中で、日本人を形成している骨や筋肉や血管のようなものを知ることができます。日本人のものの見方や考え方や価値観のようなことです。これらは、民俗宗教や神道や仏教などから影響を受けています。結果には原因があるように、日本人の言動や思考には、それを形成する源が隠れています。私たちは比較宗教で、それを探り出す努力

をしていきます。この努力を多くの先人たちがしてきました。私たちは、その恩恵を受けることができます。比較宗教を通じてキリスト教を違った角度から学び、視野が広がっていきます。

現在この国でキリスト者として生きていくことを考えたときに、キリシタンの時代や戦前の天皇制の時代のような、生命の危機や生活の困難はあまり感じません。信教の自由が約束されています。しかし、それでも生きづらさがあります。このために、キリスト教信仰を持っても数年のうちにもとの生活に戻ってしまう人もいます。「日本の宗教的な土壌」や「キリスト教信仰を活かしにくい環境」があり、さらにその背後に、日本的な信仰が作用しているのではないかと思えます。単に個人の意志や性格の問題ではないでしょう。それが何なのかを、比較宗教の手法を通じて追究していくことが大切だと思います。

日本を愛することとキリストを愛すること、そして自分を愛することを調和させていくのがこの国で生きるということです。本書があなたの信仰理解を豊かにしてくれることを願っています。

日本人は何を信じてきたのか

──クリスチャンのための比較宗教講座──

2019年11月1日発行

著　者　勝本正實

印刷製本　シナノ印刷株式会社

発　行　いのちのことば社

〒164-0001 東京都中野区中野2-1-5

電話 03-5341-6922（編集）

03-5341-6920（営業）

FAX03-5341-6921

e-mail:support@wlpm.or.jp

http://www.wlpm.or.jp/

© Masami Katsumoto 2019　Printed in Japan

乱丁落丁はお取り替えします

ISBN978-4-264-04087-3

いのちのことば社・勝本正實の本

知っておきたい
日本の宗教とキリスト教

「キリスト教は、興味はあるけど面倒くさい」「宗教はみんな一緒」なぜ多くの人たちがこう考えるのか。この国にしっかりと根づいている神道・仏教と、キリスト教を比較しながら、日本人の宗教観を探る。

定価　一、二〇〇円＋税

障害者と共に生きる
教会をめざして

教会を訪れる障害のある人たちに、何ができるのか。伝道・牧会に従事しつつ、障害をかかえ、悩みをもつ人々と共に歩んできた三十年の体験をもとに、これからの教会のありようを考える。

定価　一、二〇〇円＋税